Que les sirva de recuerdo de mis buenos amigos españoles

J. Sánchez Mora

Madrid 23-2-60

ESPAÑA

Martin Hürlimann

ESPAÑA

Paisajes, Monumentos, Tradiciones

EDITORIAL LABOR, S. A.

BARCELONA - MADRID - BUENOS AIRES - RIO DE JANEIRO
MÉXICO - MONTEVIDEO

Para completar las fotografías, fueron puestas a disposición del autor las ilustraciones siguientes: de la Srta. Relang, Munich, la 172, y de la Editorial Labor, S. A., de Barcelona: 21, 173, 176 y 230 *(Fots. TAF)*, 141 *(Fotografía Archivo Mas)*, 142 *(Fot. García Garrabella, Zaragoza)*, 223 y 243 *(Fotografías Cuyás)*, 224, 246 y 247 *(Fots. PIC)*, 225 *(Fot. Catalá)*, 229 *(Fotografía Zerkowitz)*, 244 y 245 *(Fots. Tous Casals)*, 249 *(Fot. Baena, del Archivo de la Dirección General del Turismo)* y 250 *(Fot. Vives)*, cuyos epígrafes han sido redactados por Joaquina Comas de Candel

El autor se complace en manifestar también su agradecimiento al profesor Arnald Steiger, por su valioso asesoramiento en la redacción de los epígrafes

Título de la obra original:
M. Hürlimann, SPANIEN

Editada por
© ALTANTIS VERLAG, ZÜRICH

UNA península situada al sur de Europa, y separada del resto del continente por una elevada cadena de montañas ; una población católica, de lengua románica, con arraigado sentido de familia ; una nación cuyo derecho a la categoría de gran potencia pervive en el Arte y en la literatura... Así hablamos de Italia, y así, también de España. Pero, allende los Pirineos, el centroeuropeo no encuentra únicamente otro tipo de paisaje y los monumentos condicionados por una historia distinta, como ocurre al sur de los Alpes ; al otro lado de los Pirineos, él mismo se vuelve también diferente.

El centroeuropeo marcha a Italia en pos de las huellas de Goethe y Stendhal o sigue una milenaria corriente de peregrinos. Allí visita la metrópoli del Mundo Antiguo, la Silla de San Pedro, los lugares donde en la Edad Media eran coronados los soberanos de Occidente ; contempla el esplendor de los príncipes del Renacimiento y asiste al magnífico desarrollo de la cultura y la civilización humanística europea. De la existencia nórdica de laboriosidad, pasa a un mundo de luz y de fiesta ; cree encontrar allí la parte más bella de la patria germana.

Pero España es ya — según las expresiones populares de los hombres del Norte — lo exótico, lo extraño, lo altivamente inaccesible. Llegando de la *douce France,* con su molicie y la suave luz de sus verdes valles, lo recibe, al otro lado de los Pirineos, un mundo totalmente distinto al avistar las provincias castellanas : estepas y campos de amplitud vastísima ; valles profundos, cortados en cañones que nos recuerdan América ; oasis de palmeras entre desérticas montañas, que parecen trasladarnos al norte de África.

Cual potente y antiquísimo bloque rocoso, la *Meseta,* casi circular, se eleva en la Península. Como un baluarte, las cordilleras Cantábrica, Ibérica y Bética rodean las altiplanicies de ambas Castillas, azotadas en invierno por fríos vientos, mientras en los breves meses de verano arde el sol, sin sombra y sin piedad. Aun cuando España limita con el mar casi por todos lados, es uno de los países más altos de Europa, de clima continental. Su capital, Madrid, se halla a 654 m. sobre el nivel del mar, a 350 km. por carretera del puerto más próximo, Valencia. Y los viejos centros culturales de Castilla y León se encuentran a alturas considerablemente mayores que las principales ciudades de un país tan montañoso como Suiza : León, a 822 m. ; Burgos, a 856 ; Salamanca, a 807 ; Segovia, a 1005 ; Ávila, a 1131 — Ginebra se halla a 376 m., y Berna, a 543 —. Los vastos llanos son interrumpidos por las hondas cortaduras de los ríos y por quebradas cordilleras, y las vías de comunicación deben superar, a base de curvas, las empinadas cuestas que se suceden continuamente. Tanto en el Océano como en el Mediterráneo, las costas son, con gran frecuencia, abruptas y rocosas ; sólo de tarde en tarde se ensancha la faja costera para abrir paso a superficies de cultivo, tales como las florecientes huertas que rodean Murcia y Valencia, donde prosperan los naranjos, algarrobos y palmas datileras. En cuanto a los ríos, sólo el Guadalquivir, al Sur, forma una amplia llanura baja, con ubérrimos campos de cereales, olivares y viñedos, convertida ya por los romanos y los árabes en una de las regiones más ricas y pobladas de Europa. Al Nordeste, el Ebro separa los Pirineos de la Meseta y establece la comunicación entre Navarra y la costa catalana. Por lo demás, no se presta mejor a la navegación que los restantes ríos españoles. Él orientó el impulso expansionista del reino de Aragón hacia el Mediterráneo, las Baleares y, más allá, hacia Sicilia y Nápoles.

Los ricos yacimientos mineros de España fueron explotados ya por los iberos y fenicios. Los romanos, con sus huestes de esclavos, extrajeron del subsuelo plomo, estaño, hierro, cobre, plata y oro, cubriendo con su producto buena parte de las necesidades financieras del Imperio. Hoy, las minas de cobre y plata de Andalucía, de tanto valor antaño, han perdido mucha importancia frente a las de carbón y mineral de hierro, de los Montes Cántabro-Astures.

España es un vasto país, lleno de soledad en sus viejas provincias castellanas. Sus vías pertenecen aún a los caminantes y a los caballeros, que avanzan, amodorrados, sobre las grupas de los mulos. Como en el mar, el automovilista corre por sus caminos, a veces durante horas, a solas con su motor. Entre los dispersos mojones que son las torres de las catedrales, las almenas de los castillos, los pueblos que siguen viviendo al margen del mundo de la técnica, el turista se encuentra, tanto en las laderas de las montañas como en los campos, con rebaños de ovejas, de cabras o incluso de pequeños cerdos negros, que arrancan la hierba estepiaria crecida entre las piedras o escarban los campos abandonados.

Al Norte, en las costas vasca, asturiana y gallega, bañadas por la Corriente del Golfo, los visitantes nórdicos encuentran a menudo un cuadro que les es familiar, con su cielo encapotado y sus verdes bosques y prados, que, junto con los fornidos habitantes, entregados los domingos al placer de la gaita, re-

cuerdan a los célticos, bretones e irlandeses. Andalucía, compendio de sol y de Sur, con el sello gitano y moruno de su música, con sus procesiones, corridas de toros y sus castañuelas, ha inspirado el vibrante colorido propio de « Carmen » y de otras varias obras, desde Mozart hasta Falla. La gran Mezquita de Córdoba ; los jardines del Alcázar de Sevilla ; los patios de la Alhambra de Granada, nos introducen en el Oriente de la Mil y Una Noches. Valencia es la laboriosa, blanca ciudad mediterránea de tardes silenciosas ; Barcelona, un amplio tablero de ajedrez, de calles transidas de actividad, y en la lejana Santiago de Compostela, el Apóstol — que, apoyado en su báculo de peregrino, fue a buscar en ella la paz y el reposo — escucha, a través de los siglos, las plegarias de la Nación. España es el país de los grandes contrastes, armonizados en una soberbia grandeza. El núcleo lo forman las altiplanicies de la Meseta : la orgullosa, hermética Castilla, con sus castillos, a cuyo alrededor rugen las tempestades ; con sus pastores, que se envuelven en sus amplias zamarras para resguardarse del frío o del calor ; con sus pacientes asnos y mulos.

* * *

Ya en épocas prehistóricas, la Península Ibérica sirvió de puente entre Europa y África. Las enigmáticas pinturas rupestres de la Cueva de Altamira — obra de milenios anteriores a nuestra Era — fueron creadas por pueblos pastores, cuyas huellas encontramos también en la Cuevas de la Dordoña y en otras de África. Se atribuye a los iberos origen hamítico-norteafricano ; luego se mezclaron con los celtas, llegados a través de los Pirineos. Cuando, a partir del siglo VIII antes de Jesucristo, los mercaderes fenicios establecieron sus factorías en la costa mediterránea, los celtiberos habían desarrollado ya una cultura autóctona e iniciado la explotación de las minas de cobre andaluzas. Los primeros informes que poseemos sobre los habitantes de España, señalan ya características temperamentales que en lo futuro desempeñarán un gran papel en la historia del país : sentimiento del honor, valentía, orgullo. El notorio individualismo se opone a las grandes concreciones políticas, pero nunca es un obstáculo a la lealtad incondicional a los caudillos elegidos para conducir las guerras.

Algunas colonias focenses abrieron camino a la cultura helénica. Cartago recogió la herencia de los fenicios y se erigió en dueña y señora del Estrecho. Sus generales, Amílcar, Asdrúbal y Aníbal, se enfrentaron con los romanos. Por espacio de varios años (227-219 a. de J. C.), el Ebro pareció destinado a ser la frontera entre los dos imperios vecinos ; mas pronto, Roma tuvo que entendérselas únicamente con los celtiberos en España. A la máxima potencia militar del Mundo Antiguo le costó una larga lucha y mucha sangre constituirse en soberana de toda la Península. Al fin, la superior habilidad política de los usurpadores consiguió la inevitable victoria sobre el terco separatismo de las valientes tribus. Bajo el reinado de Augusto quedó sometida incluso la porfiada población de las montañas vascas y astúricas.

Ninguno de los demás países subyugados tuvo para Roma la importancia de las provincias hispánicas. La riqueza de sus campos y minas convirtióse en algo imprescindible para el Imperio mundial, y su población aportó fuerzas creadoras al Estado y a la cultura. Los emperadores Trajano y Adriano fueron españoles; Córdoba fue la cuna del filósofo Séneca y de su sobrino Lucano; el poeta Marcial nació en Bílbilis (actual Calatayud), en la Meseta céltica; Quintiliano vio la luz en Calagurris (hoy Calahorra), y el emperador Teodosio el Grande vino al mundo en Coca, 346 años después de Jesucristo.

Y a ningún otro país dotó la soberanía romana de bases más perdurables de su existencia nacional. Por doquier encontramos huellas de las vías estratégicas romanas, que, por primera vez, hicieron posible la organización administrativa de la Península Ibérica. De Mérida a Lumbier, de Salamanca a Tarragona, se conservan puentes y acueductos, murallas y arcos de triunfo. Durante la *pax romana* aprendió España a apreciar los beneficios de la autoridad central, que unió a una abigarrada mezcolanza de pueblos en el aprovechamiento de las riquezas del suelo. Entre los nuevos inmigrantes de aquella época se contaron los judíos, que desempeñarían en lo sucesivo un importantísimo papel en la historia económica y espiritual hispana. También se inició aquella continua afluencia de hombres de las más distintas razas que, hasta la Edad Moderna, fueron objeto de comercio en los mercados de esclavos del Mediterráneo.

En el siglo III, el Cristianismo se había difundido ya en todas las provincias españolas, según testimonio de Tertuliano. Dos españoles, el poeta de los himnos, Prudencio, y el historiador Orosio, han interpretado de una manera nueva el mensaje de Roma: como preparación del camino para el Cristianismo, que despertó a nueva vida a los pueblos oprimidos. El obispo Osio de Córdoba realizó una labor trascendente en el Concilio ecuménico de Nicea (año 325) con la victoria — decisiva para la Iglesia de Occidente — de los atanasianos sobre los arrianos.

En el año 409, las oleadas de la invasión bárbara irrumpieron, con la brusquedad de una catástrofe, en el territorio del debilitado Imperio. Vándalos, suevos y alanos se precipitaron, asoladores, desde los Pirineos hasta las costas meridionales. Partiendo de Andalucía, cuyo nombre recuerda la ocupación vandálica, Genserico pasó al África en 428. Bajo el reinado de Ataúlfo, los visigodos entraron en la Península, en 415, por los Pirineos. Como aliados del emperador Honorio, conquistaron la provincia Tarraconense con Barcelona, empezando con ello la soberanía, casi trisecular, de este pueblo germánico oriental, cuyos reyes — ora como vasallos nominales del Imperio romano, ora como sus enemigos — fueron apoderándose, poco a poco, de la totalidad de la Península.

Los godos implantaron su monarquía electiva, con el poder limitado por la nobleza y el clero. Sólo monarcas de recia personalidad consiguieron imponerse a las fuerzas disgregadoras del particularismo. Los principios políticos y jurídicos germánicos se fusionaron con las tradiciones romanas. La lengua oficial fue el latín. Más decisiva aún resultó la victoria del catolicismo romano sobre el arrianismo. Los visigodos arrianos eran, fundamentalmente, tolerantes ; permitieron medrar a los católicos y admitieron incluso a los judíos. Mas partiendo de Andalucía, donde hasta el siglo VI subsistieron puntos de apoyo bizantinos, propagóse rápidamente la doctrina católica de San Atanasio, y, la demanda de universalidad del credo apostólico se impuso también en las cortes de los reyes. En 589, el III Concilio de Toledo confirmó la doctrina católica. La unidad religiosa convirtióse en ley del Estado, empezando con ello las conversiones forzadas y las expulsiones de los judíos.

En tiempo de los visigodos, la economía y la cultura experimentaron un nuevo florecimiento, equiparable al de los mejores días romanos ; y el arzobispo de Sevilla, San Isidoro, cuya fama de erudito irradió a toda Europa durante siglos enteros, pudo ensalzar a España, en el 600, llamándola « ... la más hermosa de todas las tierras que se extienden desde Occidente hasta la India ; bendita y feliz en sus príncipes, madre de tantos pueblos ».

Así, antes que cualquier otro país europeo, España, bajo el dominio de los reyes germánicos, se nos muestra como una nación madura, con todos los rasgos esenciales que ha conservado. Y, sin embargo, había de sufrir todavía una prueba que amenazó con separar para siempre la Península Ibérica de la comunidad política y cultural europea.

Los conflictos dinásticos, el problema judío y la codicia de la nobleza habían permitido que medrasen de nuevo en el país las latentes fuerzas anárquicas. Y bastó un insignificante motivo para situar en primer plano al gran pueblo con-

9

quistador de aquella época. El imperio de los califas árabes de Damasco estaba en el apogeo de su fuerza expansiva, y dominaba ya la costa mediterránea africana. En 711, el gobernador de los Omeyas, Musa, envió a Andalucía al general Tárik al frente de un ejército bereber, y él mismo desembarcó allí, al año siguiente, con nuevas tropas. En 713 fue proclamada en Toledo la soberanía del califa de Damasco, y en el espacio de siete años los musulmanes habían ocupado la mayor parte de la Península. Su ulterior avance en Francia fue detenido por la victoria de Carlos Martel en Poitiers (732); pero en España continuó dominando durante varios siglos.

Entre los *moros* existían casi tantas disensiones intestinas como entre los cristianos. A las rivalidades entre gobernadores y generales sumáronse las influencias de África y de la lejana Siria. Cuando los omeyas fueron destronados y el Califato pasó a los abásidas de Bagdad (750), consolidóse en España una soberanía independiente. Un vástago de los omeyas escapado a la matanza de Damasco, Abderramán II, fue elevado a la dignidad de emir, en 756, por los notables reunidos en Córdoba. El nuevo soberano hubo de enfrentarse no sólo con los cristianos, dueños del norte y el este del país y respaldados por la potencia de Carlomagno, sino también con los árabes del norte de África y los abásidas. No obstante, las bases de la nueva dinastía fueron lo bastante sólidas para mantenerse por espacio de casi tres siglos (hasta 1031). La corte de Córdoba se convirtió en un vivero de las Artes y las Ciencias, entre las cuales, especialmente las Matemáticas adquirieron renombre mundial. Sabios cristianos y judíos contribuyeron a la gloria de la ciudad; la erudita monja Roswitha, allá en la remota Gandersheim, habló, asombrada, del « Ornamentum mundi ». Hoy, sólo algunos fragmentos conservados en museos pregonan la magnificencia del palacio de los soberanos árabes. Todavía se alza, incólume, la Mezquita, uno de los grandiosos santuarios del Islam y, con centenares de columnas clásicas y capiteles visigodos — incluso después de su transformación en catedral —, el más admirable de los monumentos árabes en España.

La invasión islámica incrementó la mezcla de razas con una tenue capa de árabes sirios y con la masa de los soldados y esclavos africanos. Pero los omeyas supieron ejercer una soberanía justa, que redundó en beneficio del país; junto a la lengua árabe oficial, toleraron la del pueblo español, y, junto a la religión del Estado, la mahometana, permitieron los cultos cristiano y judío. Abderramán III, primero en ostentar el título de *califa* (929), es decir, *cabeza de todos los creyentes*, envió al obispo Recemundo, ilustre astrónomo, como emba-

jador al emperador Otón I, y a Bizancio y Jerusalén. Los árabes renovaron y perfeccionaron las instalaciones de riego romanas, impulsaron el cultivo de frutas y plantas orientales, introdujeron en Andalucía la cría del gusano de seda e hicieron posible una elevada cultura libresca por medio de la fabricación de papel y la organización de bibliotecas. En las esferas comercial y artesana, la actividad de los judíos contribuyó al bienestar general. En aquella época, la España árabe era considerada como el país más rico y densamente poblado de Europa.

Pero por el ocaso de los Omeyas, a principios del segundo milenio, sustituyó a la autoridad tolerante la anarquía propia de la ambición de usurpadores cada vez más insignificantes. Ni el terror infundido por un prepotente general Almanzor, logró detener, con sus victoriosas campañas, la decadencia del Estado en general. El reino de los califas se escindió en una serie de minúsculos principados.

Hacia fines del siglo XI, el nuevo y poderoso imperio bereber de los almorávides volvió a arremeter contra el continente europeo. El sultán Yúsuf, proclamándose salvador del Islam, alzóse contra los ejércitos cristianos que avanzaban, y la plácida existencia culta de las pequeñas cortes cedió ante un nuevo fanatismo religioso. En 1146 prodújose una nueva invasión africana, a cargo esta vez de la secta bereber de los almohades del Atlas. Sus monarcas eligieron por capital a Sevilla. De aquel tiempo datan la poderosa torre-alminar de la Giralda y el palacio del Alcázar, cuya construcción se continuó, en el siglo XIV, por mandato de los reyes castellanos, principalmente Pedro el Cruel, conservando el estilo moro, con la colaboración de artífices árabes.

La batalla de las Navas de Tolosa, librada cerca de Jaén, en 1212, aportó la victoria decisiva de la Reconquista cristiana contra los mahometanos. Sin embargo, todavía un resto del reino almohade pudo mantenerse por espacio de otros 280 años en Granada, y a este último período de la España árabe debemos el Alcázar de la Alhambra, cuyas salas y patios, con la elegancia de sus proporciones y la opulenta riqueza de su ornamentación, pertenecen a las maravillas de la arquitectura universal.

El fin de la refinada y decadente cultura de Granada significó el término victorioso de la Reconquista, esa lucha que, durante siglos, convirtió a España en el escenario de la rivalidad entre el Islam y el Cristianismo, entre Oriente y Occidente. Esta lucha, de crucial trascendencia para Europa entera, no se

11

libró, ni mucho menos, entre dos partidos cerrados en sí, conscientes, en todo momento, de la importancia suprema de la decisión. En ambos lados hubo grandes generales y hombres de gobierno que llevaron a cabo una altísima misión histórica ; pero, al mismo tiempo, abrióse una nefasta escisión entre los pueblos que se enfrentaban : rivalidad entre las clases y los usurpadores. A unos años de sangrientas campañas siguieron decenios de pacífica convivencia, y la alta tensión del fanatismo religioso cedió siempre ante la tendencia a cosechar, en los terrenos de la economía y la cultura, los frutos de un régimen de tolerancia. Rivalidades y otras circunstancias especiales determinaron el establecimiento de alianzas y vasallajes, por encima de las fronteras de la religión. Con las fluctuaciones temporales de las batallas, no todos los cambios de poder lograron la exterminación de la fe contraria, y no hablemos ya del aniquilamiento de la raza enemiga : las conversiones forzadas, en masa, y los destierros colectivos, fueron excepción ; por lo general, hubo tolerancia. Así, en el imperio árabe desempeñaron un gran papel los mozárabes, como se llamaba a los cristianos en él residentes, y lo mismo cabe decir de los mudéjares mahometanos y los moriscos convertidos al cristianismo, que siguieron viviendo en los reinos cristianos.

Nunca consiguieron los árabes someter a la totalidad de la Península. En los refugios de las montañas astúricas se reunieron en 718, en torno a Pelayo, último vástago de los reyes godos, los cristianos fugitivos. Su sucesor, Fruela, fundó Oviedo, que se convirtió en la capital de un reino cada día más fuerte. Un segundo foco de resistencia formóse en la región de los Pirineos. Entre los pequeños principados — algunos de los cuales abarcaban comarcas francesas —, Navarra y Aragón prosperaron hasta constituirse en importantes reinos, émulos en la dirección política del conjunto de España. En Cataluña, Carlomagno fundó la *Marca Hispánica*, que, al retirarse los francos, pervivió como condado independiente, para unirse, al fin, a Aragón.

Bajo el gobierno de enérgicos príncipes, Asturias fue ensanchándose hasta constituir el reino de León. De los muchos castillos, levantados especialmente en la región fronteriza oriental, recibió ésta el nombre de Castilla ; allí fundó Alfonso III, en 882, la ciudad de Burgos. Los reveses más graves sufridos por el floreciente Estado fueron las ya mencionadas incursiones de Almanzor, cuyas hordas saquearon, en 997, incluso el nuevo centro de peregrinación de Santiago. Fernando I hizo de Burgos la capital de los reinos unidos de Castilla, León y Galicia ; sus ejércitos penetraron profundamente en territorio árabe. Alfonso VI (1072-1109), que se hizo cargo del poder después de eliminar a su hermano San-

cho II, prosiguió las victoriosas campañas de su padre Fernando, arrebató Toledo a los mahometanos, y al arrogarse el título de « Soberano de los hombres de ambas religiones », pone de manifiesto el afán de universalidad de su monarquía. Cien años más tarde, Fernando el Santo, conquistador de Córdoba y de Sevilla, llamóse incluso « Rey de las tres religiones », asignando con ello, de modo expreso, un lugar en su reino a los judíos, junto a los cristianos y los moros. En Toledo, una magnífica sinagoga, edificada al estilo de mezquita, conmemora la magnánima actitud del conquistador cristiano. Aquella rara construcción pudo mantenerse en pie en los tiempos que siguieron, llenos de despiadadas persecuciones religiosas, transformándose luego en templo católico (Santa María la Blanca). Una y otra vez, los reyes tuvieron que acoger bajo su protección a las poblaciones de otros credos confiados a su tutela, y que eran necesarias para el cultivo de la tierra. Contra la codicia de la nobleza, la Corona se apoyó en la laboriosa población de las ciudades; la institución de las *Cortes* aseguró a la burguesía, ya desde muy pronto, un amplio derecho de voz y voto.

El reinado de Alfonso VI representa el punto culminante de la legendaria época heroica española, ensalzada por los poetas. En las campañas de la Reconquista formóse aquel tipo de guerrero y de caudillo que más tarde dio origen a los conquistadores del Nuevo Mundo. El que de un modo más genuino encarna el ideal del caballero sin tacha es Rodrigo Díaz de Vivar, a quien los moros, admirados, llamaron *El Cid*, es decir, *El señor*. Desterrado de Castilla, cimentó su fama, al servicio del soberano árabe de Zaragoza, antes de volver a ponerse a disposición de su Rey. En Valencia, que conquistó por dos veces, ejerció, finalmente, un poder ilimitado.

En la época de Alfonso VI puede situarse también la independencia de Portugal, pues, en 1095, el rey de Castilla cedió a su yerno, Enrique de Borgoña, el condado de nueva creación, que, en su desarrollo hacia la categoría de reino independiente, pudo contar con el apoyo del Papa y, más adelante, con la alianza de Inglaterra.

Lo que Alfonso VI representó para Castilla, fue para el reino de Aragón Jaime I (1213-1276), llamado *el Conquistador*. En Cataluña y la costa mediterránea se encuentran repetidamente sus huellas; ocupó Valencia y las Islas Baleares, apoyó a Fernando III el Santo en la conquista de Sevilla, y sus dominios se extendieron hasta muy al interior de Francia.

Con el avance de los reinos cristianos, planteáronse a los conquistadores múltiples problemas de colonización. Entre los propulsores más activos figuraron las Órdenes monásticas. Los conventos de benedictinos, cluniacenses, cistercienses y jerónimos, fortificados y construídos en solitarios valles montañosos, cuentan entre los mojones más impresionantes de la Reconquista. La fe se impuso en un país virgen; ella fue la que llevó la embajada de unión a aquella abigarrada mezcla de pueblos. Sucediéronse milagros y apariciones; la fama de ciertas imágenes milagrosas atrajo a los peregrinos, y de un modo especial la tumba del apóstol Santiago dio origen a una corriente incesante de peregrinación que, partiendo de los Pirineos, recorría todas las regiones cristianas del norte de España.

Con los monjes y los romeros llegaron también, de la vecina Francia, los arquitectos y artistas. En Cataluña, pórticos y cruceros recuerdan las iglesias y los claustros románicos de la Provenza. Las influencias borgoñesas penetraron más hacia el Oeste; así, en Galicia encontramos la escuela de Tolosa. Y frente a los contados monumentos que se conservan de la época visigoda, durante la cual pudo haber enraizado un estilo nacional, prevaleció el ejemplo de las catedrales francesas. Entre el gran número de modelos extranjeros y el anonimato de arquitectos y escultores, destaca, en el umbral del arte gótico, un maestro autóctono con grandeza soberana, cuyo nombre, « Matías », y el año 1183, pueden verse grabados en el « Pórtico de la Gloria », de Santiago, donde el Apóstol aparece entronizado con su báculo, en medio de una congregación de profetas y apóstoles, bajo la efigie del Redentor y su celestial séquito, para recibir a los fieles que llegan. Al mismo nivel que la compostelana, tanto por la grandiosidad del diseño como por su riqueza ornamental, se hallan las magníficas catedrales de Burgos, León y Toledo. También en aquellas fortalezas de la castellana soberanía, sobre toda la Meseta, desplegóse triunfalmente en suelo hispano el gótico del norte de Francia. En Sevilla, y como símbolo de la conquista de Andalucía, inicióse, en 1402, la erección, sobre la mezquita, de una catedral que, según el propósito de sus constructores, había de superar a todas en magnificencia. Paralelamente a las influencias francesas aparecieron otras en el siglo XV. El Valle del Ebro se orientó hacia Italia; Castilla adoptó a numerosos artistas neerlandeses, y en Burgos, Hans de Colonia y su hijo edificaron la fachada de doble torre.

Con Fernando e Isabel, que han pasado a la Historia con el sobrenombre de *Reyes Católicos*, entra España, como nación unificada, en la categoría de los grandes Imperios. Ya la unión de la singular pareja de príncipes fue un acto de soberanía conjunta. Llamada al Trono de Castilla en turbulentas circunstancias políticas, Isabel, que contaba a la sazón 18 años, eligió por esposo al príncipe heredero de Aragón, un año menor que ella, contra los deseos de su real hermano, Enrique IV. Disfrazado de escudero, llegó Fernando, tras un viaje lleno de aventuras, a Valladolid, donde la pareja se unió en matrimonio, el 19 de octubre de 1469, por un acto de propia voluntad.

En 1479, Fernando asumió la soberanía exclusiva en su reino hereditario de Aragón. Combatió las fuerzas del separatismo con la paciente resolución del político innato. Dominó, como muy pocos reyes, el arte sutil de la diplomacia. Con perfecta objetividad prosiguió, ante todo, en el Mediterráneo la política tradicional de Aragón contra Francia, y, a su muerte, habían sido incorporados a su Corona el Rosellón, Sicilia, Cerdeña y la mitad de Italia. En Isabel se conjugaron la astuta habilidad del político y la visión de un alma grande y religiosa, en que tomó vigoroso cuerpo de concepción legitimista. Un rasgo de irrealidad se mezcla con la genialidad de esta mujer, hija de una loca y madre de otra loca.

La rebelde nobleza tuvo que doblegarse ante la unida voluntad de los Reyes Católicos; los caminos fueron, en adelante, seguros, y las industrias florecieron. Mientras los respectivos reinos de ambos cónyuges seguían administrados separadamente, y la monarquía, cada vez más robusta, respetaba muchos de los derechos tradicionales de las clases o estamentos sociales, los soberanos iban cimentando la unidad nacional sobre la base de la fe católica. Fue cometido de la Inquisición — establecida, en 1480, con el beneplácito de la Santa Sede y organizada en régimen unitario para todo el país — mantener pura y fuerte esa fe, defendiéndola, ante todo, de los peligros de los moros y judíos conversos.

El predominio de Castilla hizo que el castellano se convirtiese, cada vez más, en el idioma oficial, órgano de una rica literatura nacional. Gracias a las estrechas relaciones con Italia, España pudo tomar una parte activa en el florecimiento del Humanismo. Las universidades — a cuya cabeza se hallaba la de Salamanca, famosa ya en el Orbe entero — fomentaron la universalidad de la cultura espiritual, y el religiosísimo cardenal Cisneros — que había sustituído al notable político Mendoza en los cargos de arzobispo de Toledo y consejero de los Reyes — fundó, en Alcalá de Henares, un vivero de investigaciones bíblicas y filológicas. También en la Arquitectura, el espíritu universalista cristalizó en una síntesis nacional. Con los elementos extraños — entre los cuales, Isabel mostró siempre preferencia por los flamencos —, las formas arábigas del Sur fusionáronse en un nuevo estilo español. Junto a ostentosas iglesias y capillas, surgieron las puertas y los patios, ricamente ornamentados, de los palacios y las colegiatas.

El 2 de enero de 1492, tras diez años de lucha, cayó el reino moro de Granada. Al hacerse cargo de aquel último baluarte del Islam, cuya conquista había perseguido Isabel con todo el apasionamiento de su fe, los Reyes Católicos mostraron una magnánima clemencia hacia los vencidos, aunque, al fin, la Iglesia estableció también en Granada el régimen ortodoxo. El 12 de octubre de aquel mismo año (1492), Colón puso pie en el Nuevo Mundo y enarboló el estandarte de los Reyes Católicos en suelo americano. Ello confería a los caballeros y paladines de la religión católica una nueva misión, de alcance universal, que aceptaron de buen grado.

Cuando Carlos I de España y V de Alemania, a la edad de 17 años, entró en posesión (1516) de la herencia de su abuelos, subiendo al Trono de Castilla y Aragón como rey de toda España, llegó al país como un extraño, rodeado de consejeros flamencos. Las exigencias de las Cortes y la insurrección de los comuneros, así como el movimiento revolucionario que surgió en Valencia con el nombre de *germanías* — de tendencias claramente anarquistas —, pusiéronle ante sí, con cruel brutalidad, la realidad española. Aprendió la lengua del país, y, al conocer mejor la naturaleza de su nuevo pueblo, fue acostumbrándose al difícil arte de gobernar. Su elección para la Corona del Imperio romano-germánico como sucesor de Maximiliano I, su abuelo paterno, vino a echar sobre sus hombros nuevas obligaciones, que sumaban, a las propias de un imperio de universal extensión, las derivadas de los intereses particulares de los Habsburgo. Con inigualable maestría, Tiziano nos ha transmitido, en las pinturas que se conservan en el Museo del Prado, el retrato de este hombre extraordinario, que, a lo largo de su penosa misión, supo adquirir el prestigio inherente a la dignidad imperial. El profundo arraigo de su fe permitió a Carlos V librar soberanamente la batalla contra las pretensiones temporales del Papa, sin que, no obstante, flaquease su obediencia a la Iglesia y a su Jefe. El orgullo y la dignidad de la actitud hispana se impusieron en la Corte imperial, dando lugar preeminente en Europa a la etiqueta española.

En su rápida extensión por las posesiones ultramarinas, los caballeros y misioneros de la Reconquista encontraron un ilimitado campo de actividades. Afluían nuevas riquezas a la metrópoli, y España se convirtió en la primera potencia marítima. En los edificios ornados con las armas imperiales, la influen-

cia del Renacimiento italiano sustituye a la del gótico tardío francés, aunque, en la impresión de conjunto, es determinante la suntuosidad *plateresca* en la decoración de las fachadas y en la ornamentación de los interiores de los templos, con las macizas rejas doradas de los coros, sepulcros y altares ricamente articulados. Alonso Berruguete, en su magnífico retablo de San Benito el Real — cuyas piezas, desmontadas, pueden admirarse hoy en el Museo de Valladolid —, puso de manifiesto, en su plástica, la fuerza expresiva de un Miguel Ángel, dando con ello su orientación a la época del barroco español. Pero donde se manifestó con mayor plenitud la misión de España bajo el reinado de Carlos I fue en las energías espirituales de la llamada *Contrarreforma*. El Humanismo de Erasmo había encontrado acogida en los círculos cultos, e incluso entre los altos dignatarios de la Iglesia. Pero la Inquisición intervino cada vez con mayor rigor y, en su persecución de cualquier influencia luterana, no se detuvo ni ante el arzobispo de Toledo. Los mudéjares — cuyos patronos nobles se constituyeron en sus defensores, especialmente en Aragón — fueron obligados a convertirse — violando la solemne promesa que se les había hecho —, y muy pronto la campaña persecutoria se extendió también a los moriscos, es decir, a los moros conversos. La Iglesia se disponía a extender su labor colonizadora a otros continentes partiendo del propio país, y la monarquía, más que nunca, apoyaba su poder en la unidad de la fe. El catolicismo hispánico contaba aún con grandes energías intactas. Personalidades de la categoría de San Ignacio de Loyola y Santa Teresa de Jesús no necesitaban del impulso de Wittemberg ni de Ginebra para llenar toda la Iglesia Romana con el empuje poderoso de su fe.

Para Carlos I, lo más importante era el mantenimiento de la cohesión de toda la Cristiandad. En el Occidente, cuya máxima corona ceñía él, buscó la paz y la conciliación, al objeto de poder enfrentar la Cruz con la Media Luna. Su hijo, Felipe II — a quien el Emperador, al retirarse, en 1556, a la soledad del Monasterio de Yuste, dejó la Corona de España —, no necesitó ya guardar consideraciones con los protestantes del Imperio. Reconoció únicamente una Iglesia indivisible, por cuya pureza veló, implacablemente, la Inquisición nacional.

Los críticos e historiadores no se han puesto nunca de acuerdo sobre el juicio de la personalidad del segundo Habsburgo que ocupó el Trono de España. Unos ven en él al autócrata intolerante que se deleita en la pompa siniestra del auto de fe; que interviene con terquedad en todas las menudencias de los negocios de Estado, sin lograr impedir el desmoronamiento de su concepto del poder, y, finalmente, al morir deja un Estado exhausto a sucesores incapaces.

3. Hürlimann: España.

Para otros, en cambio, Felipe II — « nuestro gran Felipe », como lo llama Unamuno — representa la apoteosis de la hispana soberanía, la superación sacrosanta de todos los embates del destino y de todas las fragilidades físicas por la obediencia a la fe. Felipe encargó a sus dos principales arquitectos, Juan Bautista de Toledo y su discípulo Juan de Herrera, la construcción de una residencia palaciega que encarna, de modo original, la idea monárquica española : Un poderoso castillo de la fe, donde, junto al convento de los jerónimos y al templo — coronado por una cúpula y en cuya cripta se han dispuesto las sepulturas de su imperial progenitor, la suya propia y las de sus sucesores —, tiene su modesta morada el infatigable obrero coronado.

A la muerte de Felipe II (1598), el Trono de España fue ocupado por otros Habsburgos durante un siglo. Pero ninguno de ellos logra detener la iniciada decadencia política. Mas la cultura hispana floreció durante el siglo XVII, como si sólo después de las gestas heroicas de las generaciones precedentes se hubiera desarrollado el genio artístico del pueblo en toda su plenitud. La arquitectura barroca dio un marco de fría magnificencia. Las procesiones sacaron, de la penumbra de los templos a la calle; la imaginería tallada, dorada y multicolor, para ofrecer a los ojos del pueblo, con religioso patetismo, la pasión del Salvador, el dolor y la gloria de la Virgen y las extáticas actitudes de los santos. Sin embargo, la manifestación más impresionante de la época fue obra de pintores inigualables. Ribera, Zurbarán, Murillo y Velázquez nos descubren, bajo la etiqueta palaciega y las ostentosas fachadas, la profunda melancolía de almas nobles y maduras. También la lengua española produjo entonces sus obras cumbres. Aparecieron las poesías de Góngora, las obras teatrales de Calderón y Lope de Vega, y, por encima de todas las demás, el inmortal *Don Quijote*, de Cervantes. En esta creación, el español, cuyo proverbial orgullo parece haber menospreciado hasta entonces el humor, lo adopta ahora con delicada preferencia. Con esta obra se manifiesta en toda la plenitud individual de su humanidad, que, desde la ruda socarronería campesina de Sancho Panza, se eleva hasta la espiritualidad, tan exaltada que se pierde en las nubes, del « Caballero de la triste figura ».

Hemos creído imprescindible mencionar, como introducción a esta obra, algunos de los factores que más han contribuído a estructurar a España como nación, y que el viajero encontrará a cada paso. No es de nuestra incumbencia seguir el relato de la historia moderna, con sus complicadas vicisitudes. Nos limitaremos a señalar el hecho de que, bajo los Borbones, el estatismo de modelo francés acorraló las ideas monárquicas derivadas de la Reconquista. Los nuevos palacios reales, especialmente el grandioso de Oriente, en Madrid, convirtiéronse en símbolos del Estado centralista. Pero las fuerzas del separatismo y de la anarquía recibieron nuevo impulso en la época de la industrialización. Por eso, la Guerra de Liberación, con su heroico enfrentamiento de antagonismos, se nos muestra como un nuevo símbolo de la lucha entre dos fuerzas primarias de la humana naturaleza, que podríamos llamar libertad y fe, o, tal vez, individualismo y autoridad. Ambas significan para el español mucho más que todos los restantes factores, de índole extranjera, que se dirimieron en aquella contienda. Y ellas son también las que, a solas consigo mismo, le ofrecen la posibilidad de la redención y de un nuevo comienzo.

* * *

El que viaja por España y se aventura a separarse de los *forfaits* organizados por las agencias turísticas, puede disfrutar de una hospitalidad respaldada siempre por una dignidad ingénita. El apretón de manos del anfitrión o el familiar golpecito en el hombro, dicen, incluso al extranjero que apenas conoce la lengua del país, que es bienvenido al lugar como persona humana. En cada nuevo viaje se siente un poco menos aquel apartamiento que rodea, como una niebla, no sólo a los grandes y a los funcionarios, sino que protege también al sencillo hombre del pueblo contra intrusiones en su esfera privada.

Tres viajes que nos llevaron a través del país, a lo largo de algunos miles de kilómetros, dejaron en nosotros no solamente impresiones inolvidables de la grandiosidad del paisaje y de los monumentos erigidos en el curso de dos milenios por el poder y la fe. Lo más valioso de nuestras correrías fue el contacto con una casta de hombres formada de la fusión de muchas razas y unida en el orgullo de la personalidad. ¡Ojalá las páginas que siguen pudiesen comunicar al lector algo de estos sentimientos! Con sincera gratitud recuerdo a aquel peón caminero del solitario collado, que sacrificó el agua, cuidadosamente guardada en su cántaro, para llenar el refrigerador del coche. Y a aquel campesino, Ezequiel Torego, de la meseta castellana, que deseó fotografiase su hermosa yunta de bueyes uncida al arado; y no se contentó con que la retratara, sino que quiso verla tomada desde el lado mejor, y, así, dignificada. Y el convento de Guadalupe, donde nos obsequiaron con una comida dominguera de abundantes platos, acompañados de aromático vino tinto. Pensamos en aquel joven propietario de un camión, que en Lérida acudió a ayudarnos en una avería, y que cuando, por rara casualidad, un año después chocó con nuestro coche en el mismo lugar, sin una palabra de enojo hizo reparar los desperfectos de nuestro coche con ayuda de su seguro. Y pienso también en el taller donde, en veinticuatro horas, efectuaron la reparación con una diligencia rayana en el milagro, como si para todos los participantes se tratase de salvar el honor de su país.

Sólo en una ocasión tropezamos con una actitud deliberadamente hostil. Fue en la región minera asturiana, donde algunos peones camineros tenían bloqueada la carretera; pero un español que venía detrás de nosotros, se nos acercó en la primera parada y nos presentó excusas por el comportamiento de sus compatriotas. ¿Hemos de mencionar también a aquel canónigo de la catedral de Burgos que, con un saludo de bienvenida, lleno de dignidad, y una bondadosa sonrisa, permitió al forastero tomar fotografías de los lugares santos; o a los espectadores que, durante una procesión en Valladolid, nos permitieron ocupar el mejor sitio? Éstos y muchos otros encuentros, nimios o importantes, ligan al viajero al altivo pueblo con lazos de respeto, amistad y gratitud.

El orden de las fotografías que siguen corresponde a la ruta seguida durante un viaje turístico que, partiendo del pie occidental de los Pirineos, da la vuelta al país, para terminar nuevamente en la frontera francesa. Desde San Sebastián, se encuentra, primero, la cordillera limítrofe, que, por el Valle del Ebro, llega hasta Zaragoza, la capital de Aragón, para retroceder después, por Navarra, hasta la costa oceánica y seguir la cordillera cantábrica, por la antigua ruta de las peregrinaciones jacobeas. Desde Galicia pasamos, a través del viejo Reino de León, al corazón de la meseta, a Castilla la Vieja, con sus memorables castillos y ciudades. Por los collados de la Sierra de Guadarrama entramos en la altiplanicie de Castilla la Nueva, donde se hallan la capital, Madrid, y Toledo. Visitamos algunos lugares de la Mancha, el célebre convento de Guadalupe, y, a través del paisaje montuoso de Extremadura, nos dirigimos [hacia el Sur, a Mérida, el centro más importante de la España romana. En Andalucía visitamos las residencias de los califas y reyes, y nos detuvimos un tiempo en aquel hechizado mundo oriental que es la Alhambra de Granada. Luego, sin abandonar la costa mediterránea, llegamos a Cataluña, la región fronteriza de los Pirineos.

Para completar esta visión de España, la presente edición española se ha ampliado con algunas fotografías de Barcelona y de la Costa Brava gerundense,

cuyos paisajes no tienen rival en todo el ámbito peninsular. De allí hemos saltado a las Baleares, reino insular forjado por aquellos reyes de Aragón, llenos de ansias marineras, que establecieron en ellas una a modo de plataforma giratoria, estratégicamente situada en el Mediterráneo Occidental, que el nobilísimo espíritu de Ramón Llull recorrió en su campaña evangelizadora ganando la palma del martirio, y que los rudos almogávares surcaron hasta el Oriente Próximo conquistando tierras y derribando tronos (haciendo sentir el peso de su venganza catalana, en aquel Mediterráneo — Mar interior — donde hasta los peces, para circular por él, necesitaban llevar el escudo con las cuatro barras de sangre).

Pero la savia de Hispania fecunda, la de las ínclitas razas cuyos dones fueron antaño su triunfo, también se derramó hacia Occidente, asimilando las provincias insulares que ya los romanos llamaron las Afortunadas, y otra plataforma giratoria fue creada en ellas, con vistas al continente africano, trampolín hacia las Indias lejanas, que el genio de Colón había de ofrecer a España. El puerto de Gran Canaria sobre el sonoro Atlántico, fue su última escala al lanzarse sobre frágiles leños a la conquista de la Mar Tenebrosa. Las Islas Afortunadas, donde se ensayó estilo y cifra de un sistema colonial que nadie ha superado, con una flecha que todavía apunta hacia las tierras del Nuevo Mundo,

mientras dos continentes, abonados de huesos gloriosos,
del Hércules antiguo la gran sombra soberbia evocando,

donde los españoles estuvieron mezclados en glorias y empresas con otras *gentes fortísimas de España,* como las definió su propio poeta Camoens, pero que no quisieron ser hermanas al iniciarse su decendencia.

« *Entre todas las tierras del mundo, España ha una extremanza de abondamiento o de bondad más que otra tierra ninguna...* ».

« *... Es cerrada toda en derredor : del un cabo, de los montes Pirineos, que llegan hasta el mar ; de la otra parte, del mar Océano ; de la otra, del mar Tirreno...* ».

« *... España es como el paraíso de Dios, ca riégase con cinco ríos cabdales, que son : Ebro, Duero, Tajo, Guadalquivir, Guadiana ; e cada uno dellos tiene entre sí e el otro grandes montañas e tierras ; e los valles e los llanos son grandes e anchos ; e por la bondad de la tierra e el humor de los ríos, llevan muchos frutos e son abondados. España, la mayor parte della se riega de arroyos o de fuentes, e nunca la menguan pozos en cada lugar donde los ha menester* ».

« *España es abondada de mieses, deleitosa de fructas, viciosa de pescados, sabrosa de leche e de todas las cosas que della se facen ; llena de venados e de caza, cubierta de ganados, lozana de caballos, provechosa de mulos, segura e bastida de castillos, alegre por buenos vinos, folgada de abondamiento de pan, rica de metales de plomo, de estaño, de argent vivo, de fierro, de arambre, de plata, de oro, de piedras preciosas, de toda manera de piedra mármol, de sales de mar, e de salinas de tierra, e de sal en peñas, e dotros mineros muchos : azul, almagra, greda, alumbre, e otros muchos de cuantos se fallan en otras tierras ; briosa de sirgo e de cuanto se face dél, dulce de miel e azúcar, alumbrada de cera, complida de olio, alegre de azafrán* ».

PALABRAS DE ALFONSO X EL SABIO

MAR CANTÁBRICO

FRANCIA

Golfo de León

La Coruña · Mondoñedo
Santiago de Compostela
Lugo · Oviedo · Llanes · Santillana · Bermeo
San Sebastián
Bilbao
Vitoria · Pamplona
León · Pancorbo · Estella · Jaca
Ponferrada
Burgos · Huesca
ANDORRA
Seo de Urgel · Ripoll · Cadaqués
Vich · Gerona · Tamariu
Montserrat · Tossa de Mar
Valladolid · Aranda del Duero
Zamora · Tordesillas · Peñafiel · Lérida · San Pol
Medina del Campo · Medinaceli · Zaragoza · Poblet · Sitges · Barcelona
R. Duero · Coca · Turégano · Calatayud
R. Ebro · Tarragona
Salamanca · Segovia · Sigüenza
Béjar · Ávila · El Escorial · Guadalajara
ISLAS BALEARES
MADRID · Alcalá de Henares · Menorca
Ciudadela · Villa Carlos
R. Tajo · Oropesa · Aranjuez · Cuenca
Sóller · San Luis
Toledo · Pedra Foradada
Cáceres · Guadalupe · Quintanar · Sagunto · Palma · Mallorca
Trujillo · Valencia
Mérida · Ibiza
R. Guadiana
Alicante
Orihuela
Córdoba · Murcia
R. Guadalquivir · Jaén
Sevilla · Granada
Antequera · Loja · Motril · Almería
Ronda · Málaga
MAR MEDITERRÁNEO
Estrecho de Gibraltar
Ceuta
Melilla

MARRUECOS

0   50   100   150   200 km.

N
O · E
S

OCÉANO ATLÁNTICO
El Teide
Teror
ISLAS CANARIAS

OCÉANO ATLÁNTICO

PORTUGAL

R. Miño

COSTA CANTÁBRICA

COSTA CANTÁBRICA

ORIO 3

ONDÁRROA 4

LIZARZA

PUEBLO NAVARRO, JUNTO A ALSÁSUA

SANTUARIO DE SAN IGNACIO DE LOYOLA

LOS ARCOS 8

ESTELLA 9

ESTELLA

PAMPLONA

ESCÓ 12

LUMBIER 13

PAISAJE CERCA DE JACA

14

JACA, CATEDRAL

15

PANTANO DE ARGUIS

PUERTO DE ARGUIS

17

PAISAJE EN EL VALLE DEL RÍO ARAGÓN

18

HUESCA, CATEDRAL

HUESCA. ALTAR MAYOR DE LA CATEDRAL

ZARAGOZA

CALATAYUD

PANCORBO

VIÑEDO EN LA RIOJA, CERCA DE LOGROÑO

24

VITORIA

25

VITORIA, CATEDRAL DE SANTA MARIA

BILBAO

RÍA DE GUERNICA 28

LA COSTA EN LAS CERCANÍAS DE BERMEO 29

PUERTO DE ORDUÑA

30

VALLE DEL RUDRÓN

31

SANTILLANA

SANTILLANA

BURGOS. CASA DEL CORDÓN

CATEDRAL DE BURGOS

CATEDRAL DE BURGOS. PUERTA DEL SARMENTAL

CATEDRAL DE BURGOS

BURGOS. ARCO DE SANTA MARÍA

OVIEDO, CATEDRAL

ALDEA EN ASTURIAS

LLANES

MONDOÑEDO   42

LA CORUÑA

LA CORUÑA. TORRE DE HÉRCULES

44

LA CORUÑA, PUERTO

45

SANTIAGO DE COMPOSTELA, CATEDRAL. PUERTA DE LAS PLATERÍAS

SANTIAGO DE COMPOSTELA, CATEDRAL

CATEDRAL DE SANTIAGO. PÓRTICO DE LA GLORIA 48

SANTIAGO DE COMPOSTELA. HOSPITAL REAL

LUGO   51

PONFERRADA   52

PUERTO DE PIEDRAFITA

53

FERIA DE GANADO EN ASTORGA

54

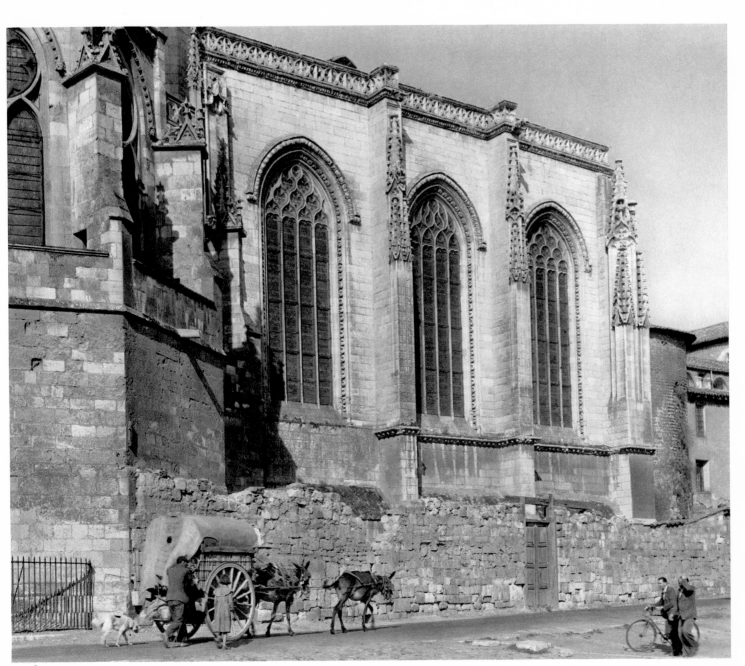

LEÓN. CATEDRAL, CAPILLA DE SANTIAGO

55

CATEDRAL DE LEÓN

CATEDRAL DE LEÓN. PÓRTICÓ DE NUESTRA SEÑORA LA BLANCA

LEÓN. MONASTERIO DE SAN MARCOS

58

LEÓN. AYUNTAMIENTO

59

ZAMORA

SALAMANCA. TORRE DEL CLAVERO

SALAMANCA. ESCUELAS MENORES

62

SALAMANCA. PUENTE ROMANO

63

SALAMANCA. CASA DE LAS CONCHAS, PATIO

SALAMANCA, UNIVERSIDAD

SALAMANCA. PALACIO DE MONTERREY

SALAMANCA. CATEDRAL VIEJA

SALAMANCA. SAN ESTEBAN

MEDINA DEL CAMPO. CASTILLO DE LA MOTA   69

TORDESILLAS   70

ARANDA DE DUERO. IGLESIA DE SANTA MARÍA

VALLE DEL DUERO

TURÉGANO   73

CANAL DE CASTILLA   74

PEÑAFIEL, CASTILLO

DUEÑAS

VENTA DE BAÑOS. BASÍLICA DE SAN JUAN BAUTISTA

VENTA DE BAÑOS. BASÍLICA DE SAN JUAN BAUTISTA

COCA, CASTILLO

COCA, CASTILLO

YUNTA DE BUEYES EN EL CAMPO CASTELLANO

VALLADOLID. SEMANA SANTA

GREGORIO HERNÁNDEZ: «LA PIEDAD» (VALLADOLID, MUSEO)

VALLADOLID. SEMANA SANTA

VALLADOLID. SAN PABLO

VALLADOLID. COLEGIO DE SAN GREGORIO, PATIO

BERRUGUETE: RETABLO MAYOR DE SAN BENITO EL REAL (VALLADOLID, MUSEO) 88

VALLADOLID. COLEGIO DE SAN GREGORIO

PASTOR EN LAS CERCANÍAS DE SEGOVIA

SEGOVIA. ACUEDUCTO ROMANO 91

SEGOVIA. ACUEDUCTO ROMANO 92

SEGOVIA, CATEDRAL

SEGOVIA. CASA DE LOS PICOS

SEGOVIA. IGLESIA DE SAN MILLÁN

SEGOVIA. EL ALCÁZAR

DE CAMINO HACIA VILLACASTÍN

97

ÁVILA

98

ÁVILA. PUERTA DE SAN VICENTE

ÁVILA. PUERTA DEL ALCÁZAR

ÁVILA

ÁVILA. ÁBSIDE DE LA CATEDRAL

ÁVILA. CATEDRAL

ÁVILA. IGLESIA DE SAN VICENTE

MANZANARES EL REAL

PUERTO DE NAVACERRADA 107

PUERTO DE NAVACERRADA 108

JARDINES DE LA GRANJA

LA GRANJA. PALACIO REAL

EL ESCORIAL

MONASTERIO DE SAN LORENZO DEL ESCORIAL

112

SAN LORENZO DEL ESCORIAL. LA ALBERCA

113

SAN LORENZO DEL ESCORIAL. PATIO DE LOS REYES

MEDINACELI. ARCO ROMANO

CATEDRAL DE SIGÜENZA. SEPULCRO DE DON MARTÍN VÁZQUEZ DE ARCE

SIGÜENZA. CASTILLO

117

GUADALAJARA. PALACIO DEL INFANTADO

ALCALÁ DE HENARES. UNIVERSIDAD 119

ALCALÁ DE HENARES. UNIVERSIDAD, PATIO DE PEDRO DE LA COTERA 120

TOLEDO. PUERTA DEL SOL

TOLEDO. PUENTE DE SAN MARTÍN 122

TOLEDO. MURALLAS DE LA CAVA 123

TOLEDO. CATEDRAL

124

TOLEDO. SANTA MARÍA LA BLANCA

TOLEDO. CASA DEL GRECO

126

TOLEDO. CASA DEL GRECO

127

TOLEDO. SAN JUAN DE LOS REYES

MADRID. AVENIDA DE JOSÉ ANTONIO

MADRID Y EL PALACIO REAL 130

MADRID. PARQUE DEL RETIRO 131

MADRID. CIUDAD UNIVERSITARIA 132

MADRID. MUSEO DEL PRADO 133

MADRID. PLAZA DE ESPAÑA

TOROS EN MADRID

TOROS EN MADRID

MADRID

ARANJUEZ. JARDÍN DEL PALACIO REAL

138

ARANJUEZ. PALACIO REAL

ARANJUEZ. CASA DEL LABRADOR

CUENCA. CASAS COLGADAS

CUENCA. CIUDAD ENCANTADA

142

OLIVARES ENTRE QUINTANAR DE LA ORDEN Y ARANJUEZ

143

OCAÑA

MOTA DEL CUERVO

MOLINO DE LA MANCHA

CORRAL DE ALMAGUER

EN UN LUGAR DE LA MANCHA

LAGARTERA

OROPESA

GUADALUPE

GUADALUPE

GUADALUPE. CLAUSTRO DEL MONASTERIO

POR TIERRAS DE EXTRAMADURA

154

PAISAJE EXTREMEÑO

155

PUENTE DE ALCONÉTAR, SOBRE EL TAJO

TRUJILLO. CASA DEL MARQUÉS DE LA CONQUISTA

TRUJILLO. ESTÁTUA DE PIZARRO   158

ABREVADERO DE CABALLOS EN TIERRA EXTREMEÑA   159

CÁCERES. CASA DE LOS GOLFINES

MÉRIDA. TEATRO ROMANO

SEVILLA

SEVILLA. LA GIRALDA

SEVILLA. EL ALCÁZAR

SEVILLA. JARDINES DEL ALCÁZAR

SEVILLA. JARDINES DEL ALCÁZAR 166

SEVILLA. CASA DE PILATOS

167

ANTEQUERA

ANTEQUERA

ALDEA DE LA QUINTANA

LOJA

«SEVILLANA», DANZA ANDALUZA

RONDA

JAÉN

PUENTE ROMANO SOBRE EL SALADO DE PORCUNA

MALAGA

CORDOBA. PUENTE ROMANO 177

CÓRDOBA. PLAZA DEL POTRO 178

CÓRDOBA

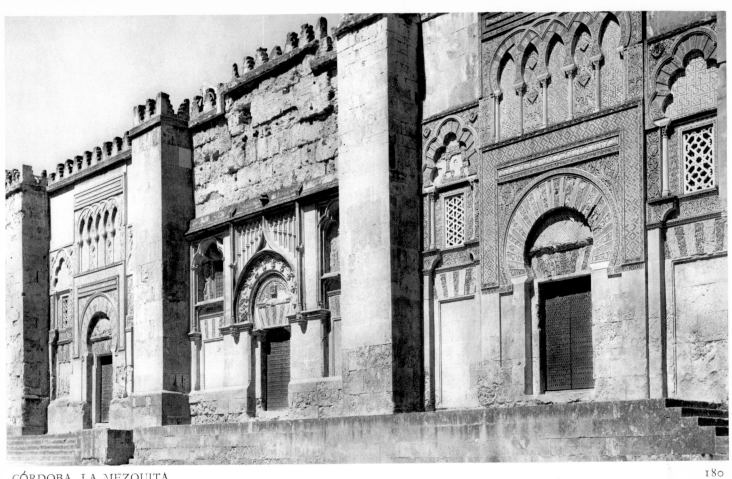

CÓRDOBA. LA MEZQUITA

CÓRDOBA. LA MEZQUITA

CÓRDOBA. CASTILLO DE LA CALAHORRA

GRANADA. LA ALHAMBRA 183

GRANADA. SIERRA NEVADA 184

GRANADA. ALHAMBRA

GRANADA. ALHAMBRA, PATIO DE LOS ARRAYANES 186

GRANADA. ALHAMBRA, MIRADOR DE DARAXA

187

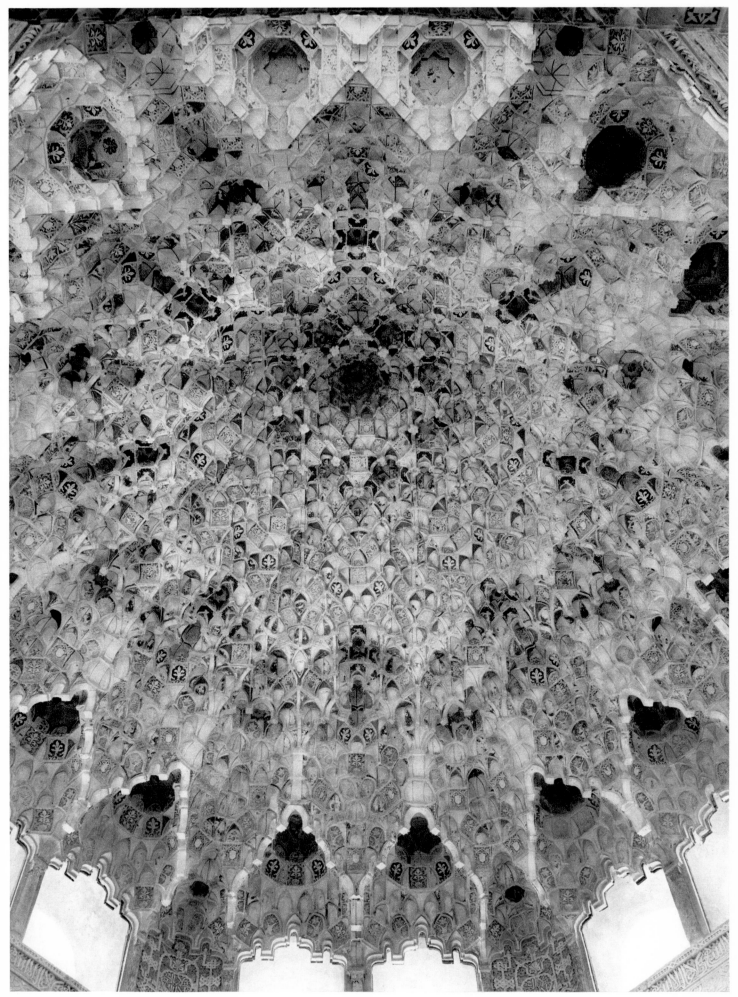

GRANADA. ALHAMBRA, SALA DE LAS DOS HERMANAS

GRANADA. ALHAMBRA, PATIO DE LOS LEONES Y SALA DE LOS REYES

GRANADA. ALHAMBRA, PATIO DE LOS LEONES

GRANADA, GENERALIFE

PAISAJE CERCA DE MOTRIL

LA COSTA MEDITERRÁNEA ENTRE MOTRIL Y ALMERÍA

ALMERÍA

LA COSTA CERCA DE ALMERÍA

PAISAJE ENTRE ALMERÍA Y SORBAS

PAISAJE CERCA DE HUÉRCAL OVERA

MURCIA, CATEDRAL, CAPILLA DE LOS VÉLEZ

PEÑON DE IFACH

ALICANTE

PALMERAS DE ELCHE

VALENCIA, LONJA

VALENCIA. TORRES DE SERRANOS

204

REBAÑO DE CABRAS EN LAS CERCANÍAS DE SAGUNTO

205

SAGUNTO

PEÑISCOLA

TARRAGONA, CATEDRAL

TARRAGONA. MURALLAS ROMANAS

209

MONASTERIO DE POBLET, CLAUSTRO

210

MONASTERIO DE POBLET. IGLESIA, ALTAR MAYOR

LÉRIDA

ANDORRA. SANTA COLOMA

213

SEO DE URGEL

214

COLL DE NARGÓ

RIPOLL. MONASTERIO DE SAN MARÍA, CLAUSTRO

RIPOLL. MONASTERIO DE SANTA MARÍA, IGLESIA

VICH. CATEDRAL, CLAUSTRO

MONTSERRAT. EL MONASTERIO

MONISTROL

TOSSA DE MAR

223

TAMARIU

224

CADAQUÉS

SITGES

BARCELONA. BARRIO GÓTICO

BARCELONA. PALACIO DE LA GENERALIDAD

BARCELONA. LA PEDRERA

BARCELONA. VISTA AÉREA

BARCELONA. TEMPLO DE LA SAGRADA FAMILIA

PALMA DE MALLORCA. CATEDRAL

232

PALMA DE MALLORCA

233

PALMA DE MALLORCA. LONJA

MALLORCA

PALMA DE MALLORCA. PLAZA DE LA REINA

236

PALMA DE MALLORCA. PATIO TÍPICO DE LA CASA SEÑORIAL OLEZA

237

MALLORCA. PUERTO DE SÒLLER

MALLORCA. CAMP DE MAR

MALLORCA. COSTA DE FORMENTOR 240

MALLORCA. MOLINO DE VIENTO, EN UN POZO 241

MALLORCA. CARTUJA DE VALLDEMOSA

242

MALLORCA. CUEVAS DEL DRAC

243

MENORCA. LA NAVETA DES TUDONS

MENORCA. SAN LUÍS

IBIZA. PUIG DELS MOLINS
246

IBIZA. IGLESIA FORTIFICADA DE SANT JORDI
247

TENERIFE. DRAGO

TENERIFE. EL TEIDE

TEROR DE GRAN CANARIA

DESCRIPCIÓN DE LAS ILUSTRACIONES

LÁMINAS EN COLOR

LÁMINA I (frontispicio)

San Sebastián (en vasco, *Donostia*), capital de la provincia vascongada de Guipúzcoa, se halla situada en la desembocadura del río Urumea, en el Golfo de Vizcaya, y es, con sus numerosos hoteles, uno de los balnearios marítimos más elegantes del Mundo. Suelen veranear en él, además de la aristocracia de Madrid y de otros puntos de España, las personalidades más encumbradas del Estado. En la actualidad cuenta con 113 776 hab. La ciudad, que pasó a Castilla en 1200, debe su fama a su situación, única, en las estribaciones de los Pirineos y de la Cordillera Cantábrica. Desde el Monte Igueldo se domina, hacia el Este, la bahía (La Concha), con la islita de Santa Clara, la playa y el antiguo puerto frente a Monte Urgull, con la ciudadela de la Mola.

LÁMINA II (pág. 7)

Entre Zaragoza y Calatayud se alza la sierra o meseta de La Muela, sobre cuya tierra rojiza brota, en primavera, florida retama.

LÁMINA III (pág. 9)
Salamanca (v. figs. 61-68)

Vista, desde la orilla norte del río Tormes, de la catedral nueva, obra de los siglos XVI a XVIII.

LÁMINA IV (pág. 13)
Toledo (v. figs. 121-128)

Vista de la ciudad desde el Sur, por encima del Tajo ; en el punto más elevado, las ruinas del Alcázar. La fortaleza, convertida por Herrera en magnífico palacio, perdió su silueta característica por efecto del bombardeo a que fue sometida al principio de la guerra de 1936.

LÁMINA V (pág. 15)
Sevilla (v. figs. 162-167)

Patio de las Doncellas, en el Alcázar, con paredes revestidas de azulejos (baldosas de cerámica vidriada multicolor).

LÁMINA VI (pág. 19)

Gerona — la romana *Gerunda* —, capital de provincia, con unos 30 000 hab., era obispado ya en 247. La ciudad, situada a poca distancia de la frontera de los Pirineos, se vio envuelta con frecuencia, ya en la Edad Media, en las luchas contra los franceses. Los barrios antiguos suben empinados, desde las orillas del río Oñar, antes de su desembocadura en el Ter, hasta la catedral.

En la sobrecubierta de la tapa delantera, Alhambra de Granada :

Vista, desde la fortaleza de la Alcazaba, del Jardín de Machuca y la parte oeste del Alcázar, con la poderosa Torre de Comares.

En la sobrecubierta posterior se reproduce la lámina I.

LÁMINAS EN HUECOGRABADO

1-2

La costa cantábrica en el Golfo de Vizcaya, entre Ondárroa y San Sebastián. El clima es húmedo y templado ; las cadenas montañosas y las escarpadas costas están cubiertas de espesa vegetación de pinos, eucaliptos, robles y castaños.

3

Pequeño puerto pesquero de Orio, en la costa cantábrica, con su dársena protegida.

4

Ondárroa, antigua ciudad portuaria del Golfo de Vizcaya, con unos 6000 habitantes, muestra, con sus casas de varios pisos, la típica construcción vasca.

5

Lizarza, lugar vasco de las cercanías de Tolosa, en la entrada septentrional del Paso de Betelú.

6

Casas de campo cerca de Alsasua, del tipo de construcción característico de Navarra.

7

El convento de San Ignacio de Loyola, en las cercanías de Azpeitia, encierra la *Santa Casa* donde el 31 de mayo (o el 1 de junio) de 1491 nació el fundador de la Compañía de Jesús. La reina Ana María de Austria, viuda de Felipe IV, adquirió, en 1681, la antigua casa solariega y la traspasó a los jesuítas, los cuales encargaron, en 1689, al arquitecto italiano Carlo Fontana, la construcción de la iglesia, rematada por una cúpula, de estilo barroco romano. En primer término, la estatua de San Ignacio, fallecido en 1556 y canonizado en 1622. El santuario, confiscado en el siglo XVIII por Carlos III, es hoy propiedad de la provincia de Guipúzcoa.

8

La pequeña villa de Los Arcos, en el Valle del Odrón, dominada por la iglesia de la Asunción, aparece rodeada de olivares.

9-10

Estella, pequeña ciudad de 7385 hab., a orillas del Ega, es de origen romano. Varios templos románicos y las ruinas del convento de Santo Domingo, recuerdan su época de prosperidad en la Edad Media, cuando los reyes de Navarra tenían su residencia en ella. En el siglo XIX, esta ciudad desempeñó un importante papel como base de los carlistas.

11

Pamplona, capital de la provincia de Navarra, con 72 394 hab., se alza, con la silueta característica de su catedral medieval, en la orilla izquierda del río Arga. La fundación de la ciudad se atribuye a Pompeyo, a quien recuerda el nombre de *Pompaelo*. En la Baja Edad Media, los visigodos, francos y árabes se disputaron la posesión de esta comarca, hasta que, en 905, fundóse en ella el Reino de Navarra. Durante el sitio de Pamplona por los franceses, que en 1521 trataron de arrebatársela a Carlos I, cayó herido San Ignacio de Loyola, suceso de enorme trascendencia en la vida del santo.

12

Escó, en el río Aragón, entre Jaca y Pamplona.

13

Lumbier. Excavación de las edificaciones romanas de Ilumberri, hacia la garganta de Foz de Lumbier, formada por el río Irati, afluente del Aragón.

236

14

Paisaje erosivo de las cercanías de Jaca, en la carretera de Pamplona.

15

Jaca, ciudad de 8000 habitantes, estuvo fortificada ya en tiempo de los romanos, y conquistó particular fama por su victoriosa defensa contra los árabes, establecidos en el siglo VIII en la vecina Huesca. La catedral, cuyo obispado creóse en el XI, se considera como la más antigua de España. Un atrio, con estatuas del siglo XVII, conduce a la puerta principal, románica.

16

El pantano de Arguis (1200 m. sobre el n. del mar), en la ladera Sur del Puerto de Arguis, embalsa el río Isuela más arriba de Huesca. El desarrollo de la potencia hidráulica en este país constituye una de las principales realizaciones de la España actual. Nuestra fotografía, tomada a fines de agosto de 1953, con el embalse casi vacío, demuestra hasta qué punto es utilizada el agua en el estiaje.

17

Granja solitaria, a unos 1000 m. de altitud, en el Puerto de Arguis, el collado que une Jaca con Huesca.

18

Paisaje erosivo del río Aragón, en las cercanías de Jaca.

19-20

Huesca, capital de la provincia de su nombre, con 21 332 hab., es mencionada por los historiadores romanos con el nombre de *Osca*. En el siglo VIII estableciéronse en ella los árabes, y hasta 1096 no consiguió Don Pedro I de Aragón arrebatarles la plaza y reinstaurar la sede episcopal. Durante los veintidós años siguientes, Huesca fue la capital del reino. Durante la Guerra de Liberación, convirtióse en una de las bases más inexpugnables de las fuerzas nacionales.

La catedral actual fue construída, de 1497 a 1515, según los planos de Juan de Olózaga. La puerta principal, con sus numerosas estatuas, es de la fábrica anterior (siglo XIV). Sobre el altar mayor hay un bello retablo de alabastro, del siglo XVI.

21

Zaragoza, con sus 264 256 hab., una de las principales ciudades de España, capital de la provincia de su nombre, con sede archiepiscopal y Universidad. La *Salduba* de los iberos fue convertida por Augusto en colonia militar con el nombre de *Caesaraugusta*. Los árabes, que la ocuparon desde 712 hasta 1118, la llamaron *Saraqusta*. A partir de su conquista por Alfonso I, convirtióse en capital del reino de Aragón.

La fotografía aérea presenta, en la margen derecha del Ebro, la ciudad antigua. Junto al viejo puente, de construcción romana, se alzan los dos principales templos de la ciudad. A la derecha la catedral, la *Seo*, edificada, entre los años 1119-1550, en el sitio ocupado por un mezquita que, a su vez, procedía de una antigua iglesia. A la izquierda, delante, el gran templo de peregrinación de Nuestra Señora del Pilar, cuya erección comenzó, en 1681, a base de los planos de Herrera.

22

La ciudad de Calatayud, provincia de Zaragoza, con 25 116 hab., situada a orillas del Jalón, a una altitud de 530 m., llamóse, en la época romana, *Bílbilis*, y fue cuna del poeta Marcial. Los árabes la reconstruyeron con el nombre de *Qal'at-Ayyub* (Torre de Ayyub). Después de su reconquista por los cristianos, los reyes de Aragón y Castilla disputáronse su posesión.

23

Pancorbo se halla pintorescamente situado en la garganta que el río Vallarta ha excavado en los Montes Obarenes, para desembocar en el Ebro, en las cercanías de Miranda.

24

La Rioja, comarca de los alrededores de Logroño, en el fértil Valle del Ebro, es famosa por sus viñedos (uvas coloradas y blancas). La capital de la provincia, Logroño, en Castilla la Vieja, es un importante centro del mercado vinícola español.

25-26

Vitoria, capital de la provincia de Álava, con 52 206 hab., situada a 529 m. de altitud, es, probablemente, de fundación visigoda. Sancho IV el Sabio, de Navarra, al conquistar, en 1181, la antigua Gazteiz, dio a la plaza su nombre actual. En 1332, la fortificada ciudad pasó al Reino de Castilla. Beethoven compuso su *Sinfonía guerrera* (la décima) en conmemoración de la victoria lograda en las cercanías de esta ciudad por Wellington, sobre José Bonaparte y los franceses, en el año 1813.

La antigua ciudad se despliega sobre la altura del Campillo. En la calle de San Francisco (figura 25), balcones (miradores) de cristales característicos de la localidad. La catedral de Santa María (fig. 26), del siglo XIV, fue enriquecida, en el XV, con un espacioso atrio, espléndidamente ornamentado con esculturas en los tres portales.

27

Bilbao, con 240 000 hab., es uno de los centros industriales y portuarios más activos de España. Desde el núcleo de la ciudad hasta el mar, distante 12 km., se alinean, en el curso inferior del Nervión, las fábricas, muelles y embarcaderos. Bilbao, fundada en 1300, inició su marcha ascendente a fines del siglo XIX, gracias a la explotación de las ricas minas de hierro de Vizcaya (particularmente, Somorrostro) y a sus instituciones de crédito. La provincia de Vizcaya, con su capital, Bilbao, es la más densamente poblada de las comarcas españolas.

[28]

La Bahía de Guernica — en cuyo extremo Sur se alza la localidad que hizo famosa la Guerra de Liberación — tuerce la sinuosa carretera que discurre a lo largo de la costa cantábrica, muy escarpada en su mayor parte, obligándola a penetrar hacia el interior en un trecho de más de 10 km.

29.

Vista de las verdes laderas de la cordillera cantábrica costera, con el puerto pesquero de Bermeo y el Océano.

30

Panorama desde lo alto del puerto de Orduña (900 m. de altitud), que atraviesa la cadena cantábrica por las rocas calcáreas de la Peña de Orduña. Hacia el Norte, el Valle del Nervión.

31

La carretera de Burgos a Santander sigue, durante un trecho, el Valle del Rudrón, profundamente cortado en la altiplanicie.

32-33

La villa de Santillana del Mar (prov. de Santander), en las proximidades de las grutas prehistóricas de Altamira, surgió en torno al convento de Santa Juliana (Illana), fundado en el siglo VI.

La calle principal constituye una antigua estampa, con sus casas de los siglos XVI-XVIII, donde las familias nobles tienen esculpidos sus blasones.

34-38

Burgos, capital de la provincia de igual nombre, con 74 063 hab., está situada a 856 m. sobre el n. del mar, en la orilla derecha del Arlanzón. A fines del siglo IX, el rey Alfonso III de León erigió una ciudadela en aquel lugar, de gran valor estratégico. Como sede de los condes y reyes de Castilla la Vieja, Burgos vivió su época de máximo esplendor bajo el reinado de Fernando I el Grande, que, en el siglo XI, unió los reinos de Castilla, León y Galicia. El héroe nacional español, Rodrigo Díaz de Vivar (el Cid Campeador), nació en Burgos en 1026. Alfonso VI, que instituyó en España el sistema de la jerarquía eclesiástica romana, trasladó a Burgos, en 1100, la sede del obispo Gamonal; desde 1574 es arzobispado. La importancia de la ciudad decayó cuando, a fines del siglo XV, la residencia real trasladóse a Valladolid. Durante la última contienda, Burgos fue, hasta la liberación de Madrid, la sede del Gobierno del general Franco (1936-39).

34. En el lado Norte de la plaza de Calvo Sotelo se levanta la Casa del Cordón — así llamada por el cordón que figura sobre es escudo nobiliario del portal —, el palacio-fortaleza del condestable Hernández de Velasco y su esposa, doña Mencía de Mendoza. A la izquierda de la fotografía, una casa con los característicos *miradores*.

35-37. La catedral de Santa María, uno de los monumentos más grandiosos del Medievo cristiano, recuerda, por su estructura exterior, el arte gótico de Francia y Renania, mientras el opulento interior tiene carácter netamente español.

La fachada occidental (fig. 35), cuya parte inferior perdió, en el curso del siglo XVIII, su ornamentación escultórica gótica, es coronada por las dos torres puntiagudas, de 84 m. de altura, obra de Juan de Colonia (mediados del siglo XV). En la fachada Sur, las gradas conducen a la Puerta del Sarmental (siglo XIII), de estilo francés (figura 36). La torre del crucero fue comenzada en 1466 por Juan de Colonia; su magnífico interior se atribuye a Felipe de Borgoña, cuyos ayudantes terminaron la ornamentación en 1567. En el coro se encuentra la tumba del obispo Mauricio, inglés, que, con Fernando III de Castilla, fundó la catedral en 1221, y murió en 1238. Su efigie, en cobre esmaltado, se elaboró en Limoges. La reja del coro, característica de la ornamentación de las catedrales españolas, data de 1602 (fig. 37).

38. El Arco de Santa María, que da acceso a la ciudad por el Sur, fue construído, en 1536, en honor de Carlos I. Bajo la estatua del arcángel San Miguel se representa al Emperador, rodeado de famosas personalidades de la época heroica. A su izquierda, Fernán González; a la derecha, el Cid; en la parte inferior, Nuño .Rasura, Diego Porcellos y Laín Calvo.

39

Oviedo, actualmente capital de provincia, con 106 000 hab. y Universidad, fue en el siglo IX, como localidad principal de Asturias, el centro de la resistencia cristiana contra la invasión árabe. En 762, Fruela fundó en la ciudad la primera basílica. La catedral actual fue construída de 1388 a 1528, y es una obra maestra del gótico tardío español. La torre, de 80 m. de altura, pertenece al último período de la edificación. Tanto la ciudad como la catedral sufrieron sensibles daños durante la guerra civil de 1936-39.

40

Casa de campo con granero, en Asturias.

41

Llanes, antigua villa portuaria de Asturias (provincia de Oviedo), debe su importancia a las minas de hierro y cobre de su *hinterland*.

42

Plaza de la catedral, en la pequeña ciudad gallega de Mondoñedo (prov. de Lugo).

43-45

La Coruña, magníficamente situada en una península, es la ciudad más importante de Galicia y una de las poblaciones comerciales más activas y elegantes de España, con 134 844 hab. Su gran puerto natural atrajo ya la atención de los fenicios. Los romanos edificaron la población, especialmente bajo el reinado de Trajano. Recuerda aquella época la llamada Torre de Hércules (figura 44), un faro cuyo núcleo principal es del siglo I antes de Jesucristo, pero que acaso deba atribuirse a los fenicios.

La ciudad sufrió la ocupación de los visigodos y los árabes. En el siglo XI perteneció al reino de Galicia, y en el XIV pasó a poder de Portugal, antes de incorporarse definitivamente a Castilla y León. En tiempos modernos desempeñó cierto papel como base naval en las guerras contra Inglaterra. El movimiento del puerto sufrió un grave retroceso con la pérdida de las posesiones centroamericanas, cuando la guerra de España con los Estados Unidos.

La figura 45 muestra la Dársena, y la 43, la Avenida de la Marina, situada en ella, con sus arcadas y las hileras de casas con fachadas de miradores (balcones-galerías), que han valido a La Coruña el sobrenombre de la *Ciudad de Cristal*.

46-50

Santiago de Compostela debe a la tradición del milagroso descubrimiento del sepulcro de Santiago el Mayor, en el siglo IX, su fama de principal centro de peregrinación cristiano de la Edad Media, junto con Roma y Tierra Santa. Desde los Pirineos, los peregrinos se dirigían a Galicia por Estella, Burgos, León y Ponferrada. El apóstol Santiago fue nombrado santo nacional de los españoles, quienes se lanzaron, invocándolo, a la lucha para la expulsión de los infieles. Hasta la conquista del lugar y su destrucción por Almanzor, llamóse Iria Flavia; al ser recuperado, el papa Urbano II le dio su nombre actual. En 1075, reinando Alfonso VI, inicióse la edificación de la enorme catedral (fig. 46-49) en el emplazamiento de la antigua sepultura; de aquel período data la puerta románica Sur, llamada *Puerta de las Platerías*, con rica ornamentación escultórica que recuerda la escuela de Toulouse. La fachada occidental (fig. 47), una de las más grandiosas creaciones del último período del barroco español — llamado *churriguerismo* por el apellido de su creador, José Churriguera — fue edificada, a partir de 1738, por Fernando Casas y Novoa, que murió en 1749, al año de su terminación. Detrás de esta fachada se encuentra el Pórtico de la Gloria (figuras 48-49), fechado en 1183 y atribuído al maestro Mateo, director del taller de construcción desde 1168. Las numerosas estatuas de los tres portales constituyen, en conjunto, el máximo monumento de la plástica medieval en suelo hispano. En el centro, sobre una columna que representa, en relieve, el Árbol de Jessé, figura el Apóstol con su báculo (fig. 49); a los lados, estatuas de profetas y apóstoles, con estudios de ropajes.

50. Una de las más notables construcciones entre las iglesias, conventos, palacios y Universidad, que se agrupan en torno a la catedral, es el Hospital Real, fundado por los Reyes Católicos. El rico portal, de 1501-11, es obra de Enrique de Egas.

51

Lugo, capital de provincia y sede episcopal, con 53 743 hab., a 465 m. sobre el n. del mar, es una de las poblaciones más antiguas de Galicia. Su nombre, *Lug* es de origen celta. Bajo el reinado de Augusto, *Lucus Augusti*, fue residencia de un *conventus juridicus*. Las murallas de la ciudad, con sus cincuenta torres circulares (cubos), fueron edificadas por los romanos en el siglo III.

52

Ponferrada (prov. de León), en la confluencia de los ríos Sil y Bezoa, la romana *Interamnium Flavium*, a 543 m. sobre el n. del mar, fue, en la Edad Media, una importante estación de etapa en el camino de peregrinación a Santiago. Domina el lugar un castillo templario, erigido en el siglo XII.

53

El Puerto de Piedrafita, a 1109 m. de altitud, constituye la frontera entre Galicia y León. Las alquerías situadas en la carretera del Puerto muestran las construcciones en piedra, típicas de esta región montañosa.

54

Mercado ganadero, en la provincia de León.

55-59

León, capital de provincia, con 59 549 hab., a una altitud de 822 m., situada en una feraz llanura, fue sede de la *Legio Septima Gemina* romana. En 540 cayó en poder de los godos; en 717, en el de los árabes, siendo reconquistada en 742. A causa de la repartición de la herencia de Alfonso III el Grande, de Asturias, en 910, León convirtióse en capital de un reino independiente, que hubo de defenderse contra nuevas acometidas árabes, y en el siglo XI fue incorporado a Castilla.

La catedral de Santa María de la Regla (figuras 55-57) fue fundada en 1205, y es, ante todo, obra de la segunda parte del siglo XIII, cuyo estilo gótico recuerda los modelos del norte de Francia. (Reims, Chartres).

55. La Capilla de Santiago, al nordeste del coro, procede — con sus altos ventanales de un gótico tardío — del siglo XVI.

56. Vista del lado Sur, con la torre meridional.

57. Puerta central de la fachada Oeste, con la Virgen.

58. El convento de San Marcos, al nordeste de la ciudad, fue erigido por Fernando el Católico en el emplazamiento de un antiguo albergue para los peregrinos jacobeos, en 1513. Bajo el reinado de Carlos I, fue reconstruido, desde 1537 a 1549, en magnífico estilo plateresco del Renacimiento español, según los planos de Juan de Badajoz.

59. Patio del Ayuntamiento, obra de Juan Rivero (1585).

60

Zamora, capital de provincia, con 38 320 hab., edificada, a 640 m. de altitud, en la margen derecha del Duero, fue, desde el siglo VII, un arriesgado lugar fronterizo en las luchas entre árabes y cristianos. Durante el siglo XI pudo rehacerse de las diversas invasiones sufridas, bajo el reinado de Fernando I de Castilla. La frase del Romance: « ¡Atrás, atrás, Don Rodrigo! ¡Atrás, orgulloso Cid! », recuerda el malogrado asedio de Zamora por el Cid, que, con Sancho II, pretendía arrebatar la ciudad a doña Urraca, su posesora por disposición de don Fernando. Panorama desde la orilla sur del Duero, en el viejo puente de piedra, de quince arcos, sobre la ciudad. A la izquierda, en el fondo, la catedral, la más espaciosa de las cuatro iglesias románicas del siglo XII.

61-68 Y LÁMINA EN COLOR III (pág. 9)

Salamanca, capital de la provincia de su nombre, con 80 239 hab., a 807 m. sobre el n. del mar, « Camino de Oriente y Princesa de Occidente » (RAFAEL LAÍNEZ ALCALÁ), es una de las primeras ciudades del país, tanto por la riqueza de sus monumentos como por su vida espiritual, aún floreciente. De fundación ligúrica, *Salmantica*, según una leyenda tan pintoresca como improbable, fue ocupada por Aníbal el 217 antes de Jesucristo; los romanos establecieron en ella una estación de la Vía Lata, de Mérida a Zaragoza. En el siglo VI la ocuparon los vándalos, y luego, los visigodos, y en el VII cayó en poder de los árabes, hasta que, en 1085, Alfonso VI la conquistó para Castilla. Bajo el reinado de Alfonso IX de León, nació, en 1218, la primera universidad, y Alfonso X el Sabio le dio, en 1254, su primera constitución. No tardó Salamanca en hacerse famosa mundialmente en cuanto se refiere a los estudios jurídicos, y, en particular durante los siglos xv y xvi, convirtióse en el centro de una floreciente vida espiritual. También en nuestros días, algunas de sus personalidades, como don Miguel de Unamuno, rector durante largos años, contribuyeron a la gloria de la más ilustre Universidad de España.

61. Torre del Clavero, edificada, a fines del siglo xv, por Francisco Sotomayor, « Clavero » — o sea, *amo de llaves* —, de la Orden de Alcántara.

62. Patio de las denominadas Escuelas Menores, construídas en el siglo xvi.

63. El puente, de veintiséis arcos y 400 m. de longitud, sobre el Tormes, se remonta a la época de Trajano y Adriano ; en los siglos xv y xvii se le dio su forma actual.

64. Patio de la Casa de las Conchas, uno de los más exquisitos ejemplos del arte arquitectónico español del tiempo de los Reyes Católicos (primera mitad del siglo xvi).

65. La fachada de la antigua Universidad está adornada con un rico bajorrelieve, de estilo plateresco, perteneciente a la primera mitad del siglo xvi. En la parte inferior del medallón están representados los Reyes Católicos ; encima, las armas de Carlos V, y, en la parte superior, el Papa.

66. Palacio de Monterrey, edificado, en 1540, según los planos de Juan Gil de Hontañón. Las familias de la más alta nobleza española acostumbraban tener su palacio en Salamanca, donde residían durante el período de estudios de sus hijos.

67. La Catedral Nueva, símbolo de la ciudad (véase lámina III en color), está unida a la Catedral Vieja, construcción románica del siglo xii. La cúpula de ésta (Torre del Gallo) ofrece al contemplador una grandiosa impresión especial.

68. La iglesia de San Esteban o Santo Domingo es un edificio gótico con fachada plateresca, erigida por los dominicos entre 1524-1610, según planos de Juan de Álava.

69

El Castillo de la Mota, en Medina del Campo (prov. de Valladolid), fue edificado, en 1440, para el rey Juan II, y ocupado por la Corte de Castilla. La fortaleza sirvió, entre otras cosas, de prisión a César Borja o Borgia. Isabel la Católica murió en ella en 1504, y su hija, Doña Juana la Loca, la habitó también durante algún tiempo.

70

Tordesillas, pequeña ciudad a orillas del Duero (prov. de Valladolid), fue residencia de los reyes de Castilla, y se hizo famosa por el Tratado que en ella concertaron los Reyes Católicos con Portugal — por mediación del Papa — en 7 de junio de 1494, sobre el reparto de los territorios ultramarinos nuevamente descubiertos.

71

La iglesia de Santa María, de la ciudad de Aranda de Duero, provincia de Burgos (800 m. sobre el n. del mar), es una fundación de los Reyes Católicos, de fines del siglo xv. La rica fachada se atribuye a Simón de Colonia, hijo de Juan de Colonia y su sucesor en la construcción de la catedral de Burgos.

72

El Duero, a su paso por la alta planicie castellana, entre Peñafiel y Valladolid.

73

A través de la amplia plaza del mercado de la pequeña localidad de Turégano (prov. de Segovia) aparece el castillo, construído en el siglo xv, que rodea la iglesia de San Miguel, del siglo xiii ; es una de las fortalezas más imponentes de Castilla la Vieja.

74

El Canal de Castilla fue trazado, entre los años 1753 y 1832, para el transporte del grano cosechado en la alta llanura castellana. Une Valladolid con Alar del Rey, y, tiene una longitud de 207 km., incluyendo el Canal de Campos.

75

En la cima de una rocosa colina se eleva, más allá de la localidad de Peñafiel, a orillas del Duero,

5. Hürlimann : España.

uno de esos poderosos castillos que dieron nombre a la región de Castilla ; fue erigido, en el siglo XI, por Sancho García, y reconstruído, en 1307, por el infante don Juan Manuel, el poeta que creara allí el *Libro de Lucanor*.

76

Dueñas está situada en una altura, dominando un llano por el que corren el Canal de Castilla y el Pisuerga.

77-78

Venta de Baños, en la Tierra de Campos (provincia de Palencia), fue un establecimiento balneario de los romanos. Los restos de un templo consagrado a la diosa de las Termas fueron aprovechados para la edificación de la basílica de San Juan Bautista, bajo el reinado de Recesvinto, en 661. La iglesia, de tres naves, es uno de los monumentos mejor conservados de la época visigoda, después de la adopción del catolicismo.

79-80

El Castillo de Coca (prov. de Segovia), uno de los más notables de Castilla, fue residencia de la familia Fonseca — hoy, propiedad de la familia Alba —. El enorme edificio fue construído hacia 1400, en estilo gótico-arábigo, para Alonso de Fonseca, arzobispo de Sevilla.

81

Campesinos arando en los Campos Carpetanos, cerca de Segovia.

82-89

Valladolid, capital de provincia, con 124 212 habitantes, a 692 m. sobre el n. del mar, tiene Universidad, fundada en 1346 y es sede episcopal desde 1495 (arzobispado desde 1857). Su nombre recuerda la soberanía árabe (Balad Walid = = Tierra del Walid). A partir del siglo XIII fue residencia predilecta de los reyes de Castilla, hasta que, a principios del siglo XVII, la capital de España fue trasladada definitivamente a Madrid. Durante los siglos XIII y XIV se reunieron en ella diez veces las Cortes. La ciudad participó en el alzamiento de los comuneros contra Carlos I, quien prefirió Toledo como sede de su autoridad en España. Los principales monumentos de Valladolid son de la época en que se hallaba en su apogeo el arte castellano (siglos XV y XVI), y en el museo instalado en el ex-colegio de San Gregorio se conserva la más amplia e importante co-

lección escultórica del Renacimiento y el Barroco españoles.

82-85. Fotografía de la procesión de la Caridad, de Jueves Santo, uno de los « Pasos » culminantes de la Semana Santa en Valladolid. Las funciones de dicha Semana, en la antigua capital de Castilla, se destacan por su solemne dignidad y la magnificencia de los numerosos « Pasos », representativos de episodios de la Pasión de Cristo. Las cofradías que llevan los « Pasos » en las procesiones se destacan por los colores de sus vestidos, y casi todos los cofrades, llamados *nazarenos*, van tocados con una capucha puntiaguda, que les cubre también el rostro.

La *Piedad* (fig. 84), maravillosa talla, en madera policroma, de Gregorio Hernández, oriundo de Galicia, que, desde 1605 hasta su muerte (1636), trabajó preferentemente en Valladolid. El grupo es típico de los « Pasos », que, todavía hoy, con motivo de la procesión nocturna del Viernes Santo. son paseados por las calles de la ciudad.

86. La fachada de la iglesia de San Pablo fue renovada, en 1463, por el cardenal Torquemada, padrino de la reina Isabel, en el ostentoso estilo plateresco del gótico tardío español.

87. Patio del Colegio de San Gregorio (figura 87).

88. *La conversión de Totila*, relieve, en madera policromada — con abundante empleo del dorado — del grandioso retablo creado, en 1529-32, por Alonso Berruguete para la iglesia conventual de San Benito el Real. Se conserva en el Museo de San Gregorio.

89. El Colegio de San Gregorio fue construído entre 1488 y 1496, en tiempo de Isabel la Católica. La fachada plateresca se atribuye a Enrique de Egas.

90

Rebaño de ovejas, en las cercanías de Segovia.

91-96

Segovia, capital de la provincia de su nombre, con 29 568 hab., situada a 1005 m. sobre el n. del mar, en la cima de una escarpada colina rocosa del valle regado por el río Eresma. Los celtiberos defendieron la plaza, hasta el 80 antes de Jesucristo, contra la invasión romana. A su vez, los romanos reconstruyeron la población. Por espacio de dos siglos fue ésta una de las principales ciudades árabes, y, bajo el dominio de los reyes cristianos de la Edad Media, continuó siendo uno de los más importantes centros residenciales del país, donde las Cortes de Castilla se reunieron con frecuencia y donde Isabel la Católica fue proclamada Reina en 1474.

91-92.　El Acueducto romano, construído, probablemente, en el siglo I, bajo el imperio de Trajano, es una obra maestra de la arquitectura clásica, en sillares de granito sin argamasa. La conducción lleva el agua del río Frío a la ciudad, desde la Sierra de Fuenfría, a 17 km. de distancia. El acueducto propiamente dicho, que atraviesa los arrabales de la ciudad moderna, tiene 820 m. de longitud y 170 arcos, y alcanza su máxima altura (28 m.) en la plaza del Azoguejo.

93.　En el emplazamiento de la catedral, destruída en 1520 durante el alzamiento de los comuneros, Juan Gil de Hontañón y su hijo Rodrigo edificaron, de 1521 a 1577, otra nueva que figura entre las obras maestras del gótico tardío español y domina la ciudad con su campanario, de 110 m. de altura.

94.　La Casa de los Picos, obra del siglo XVI, formó parte, originariamente, de las fortificaciones de la ciudad y sirvió de residencia oficial al representante de la burguesía, la cual solía recibir en ella al Rey y tomarle la promesa de respetar los privilegios de la villa.

95.　El templo románico de San Millán fue construído, en el siglo X, a extramuros de la ciudad vieja, al sudeste de la misma.

96.　El Alcázar se eleva antes de la confluencia del Eresma con el Clamores. En el siglo XI, el califa de Córdoba construyó una fortaleza, reedificada más tarde por Alfonso VII « el Emperador », tomando como modelo el alcázar de Toledo, y que algunos de sus sucesores ampliaron aún. El edificio ha sido restaurado, en su mayor parte, después del devastador incendio de 1862, y hoy contiene el Archivo militar de España.

97

Carretera entre Segovia y Villacastín. Al fondo las cumbres nevadas de la Sierra de Guadarrama.

98-104

Ávila, capital de provincia, con 22 577 hab., a 1131 m. sobre el n. del mar, como cuna y escenario de las actividades de Santa Teresa de Jesús, se convirtió, en el siglo XVI, en uno de los centros impulsores de la Contrarreforma. Al parecer, la primera iglesia de la « Avela » romana la fundó San Segundo, discípulo del apóstol San Pedro, hacia el año 65. La iglesia de San Vicente conmemora el martirio de este santo, a principios del siglo IV. Los árabes ocuparon la ciudad desde el siglo VIII al XI, y las luchas que por su recuperación libraron los cristianos, cuentan entre los más populares temas de leyenda de la Reconquista. El sobrenombre de *los Caballeros* recuerda el carácter caballeresco de Ávila, que sirvió repetidamente de residencia a los reyes en su minoría de edad.

98.　Vista desde los Cuatro Postes de la ciudad vieja, rodeada todavía por el cuadrilátero de murallas del siglo XII. Esta poderosa fortificación, en la que figuran también elementos de construcciones romanas, tiene unos 2400 m. de longitud ; la muralla, de 12 m. de altura, está interrumpida por ochenta y ocho torres de sillares de granito. En el punto más elevado de la ciudad está la catedral. En el ángulo Noroeste, extramuros — primer término izquierda —, la capilla de San Segundo.

99.　Puerta de San Vicente, en el extremo norte de la muralla Este.

100.　Puerta del Alcázar, en el extremo sur de la muralla Este, la más animada de las ocho entradas de la ciudad.

101.　Muralla norte de la ciudad.

102.　En el lado este del muro de circunvalación está el ábside (cimorro) de la catedral, unido a la muralla a modo de torre fortificada.

103.　La catedral de San Salvador fue edificada, a partir de mediados del siglo XII, con el granito gris de la región. La vista del ábside románico a través de la alta nave central del primer período del Gótico, es interceptada — como la mayoría de las catedrales españolas — por un coro alto, con representaciones en relieve, del siglo XVI, y un crucifijo de mármol.

104. Grupo de la *Anunciación*, en el portal Sur de la iglesia de San Vicente (siglo XII).

105

El convento de El Paular, primera cartuja de Castilla, fue fundado, en 1390, por Enrique II, en un valle que se extiende al sur de la Sierra de Guadarrama. Casi toda la construcción actual procede de la época del Barroco.

106

El Castillo de Manzanares fue erigido, en el siglo XV, por Juan Guas (figs. 118 y 128), para los Mendoza, familia noble que se distinguió por sus servicios a la Casa real de Castilla.

107-108

El Puerto de Navacerrada atraviesa, a una altura de 1845 m., la Sierra de Guadarrama, cubierta aquí de pinares.

109-110

La Granja, o San Ildefonso, surgió de una ermita edificada aquí, en el bosque de la ladera septentrional de la Sierra de Guadarrama, a 1191 metros de altitud, por el rey Enrique IV. Posteriormente, Felipe V de Borbón mandó construir en este lugar — que se caracteriza por un clima fresco — una residencia veraniega, según el modelo de Versalles. El palacio fue levantado, entre 1821 y 1823, según planos de Teodoro Ardemans, y, simultáneamente, empezóse a instalar un parque, ornado con numerosas estatuas y juegos de aguas, proyectados por los franceses René Carlier y Étienne Boutelou.

111-114

El Real Monasterio de San Lorenzo de El Escorial es una originalísima creación de Felipe II. Después de la batalla de San Quintín, ganada por los españoles contra los franceses el día 10 de agosto de 1557, festividad de San Lorenzo, el Rey prometió erigir un convento al santo. A unos 50 km. de Madrid, en la ladera Sur de la Sierra de Guadarrama (923 m. sobre el n. del mar), mandó poner, en abril de 1563, la primera piedra del edificio destinado a ser el símbolo de su soberanía católica, sustituyendo el opulento estilo plateresco de la época del Renacimiento, por el severo de los inicios del barroco español. Los planos fueron trazados por Juan Bautista de Toledo, a cuya muerte terminó la obra su discípulo pre-

dilecto, Juan de Herrera. Parece que la planta recuerda la parrilla en que fue martirizado San Lorenzo. Aparte la piedra de la comarca, de naturaleza granítica, llamada *berroqueña*, que da la impresión de conjunto, se trajeron preciosos materiales de construcción procedentes del Mundo Antiguo y del Nuevo. La última piedra fue colocada en septiembre de 1584. El conjunto de los edificios, cuya superficie total es de 206 m. de longitud por 161 de anchura, con dieciséis patios, ofreció espacio para un convento de jerónimos, filial del de Guadalupe, y para la residencia real. En la cripta, bajo la cúpula de la iglesia, están enterrados Carlos V, Felipe II y sus sucesores en el Trono de España.

111. Vista de El Escorial desde la altura Silla del Rey, en cuyos bloques graníticos acostumbraba sentarse Felipe II para seguir la marcha de los trabajos de construcción del Monasterio.

112. Vista del Monasterio desde el Norte.

113. Fachada Sur, con el ala que aún sirve de claustro.

114. Patio de los Reyes, con la fachada de la iglesia. Las seis estatuas colosales de los reyes de Judá, son obra de Juan Bautista Monegro.

115

Medinaceli (prov. de Soria), desde cuya altura (1015 m. sobre el n. del mar) se domina el valle, profundamente excavado, del río Jalón, con la carretera de Zaragoza a Madrid, fue elegida por los romanos como una de sus principales bases militares. El arco de triunfo, de 9 m. de altura, fue erigido en el siglo II ó en el III.

116-117

Sigüenza (prov. de Guadalajara, a 989 m. sobre el n. del mar), hoy una pequeña ciudad de 4500 hab., fue una base de los celtiberos en su lucha contra los romanos (195 a. de J. C.), y luego, una fortaleza romana. En el siglo V la destruyeron los vándalos, y durante los visigodos fue sede episcopal; los árabes la ocuparon en el siglo VIII, y los cristianos la recuperaron en el XII. Durante la Guerra de Liberación fue muy disputada (1936-37).

116. En la catedral se halla la tumba de Don Martín Vázquez de Arce, llamadoel « Doncel »,

caído en 1486 luchando contra los moros. Es una de las obras maestra de la escultura española del Renacimiento.

117. El castillo, llamado también *alcázar*, fue edificado en el siglo XII y reconstruído entre los siglos XIV y XV.

118

Guadalajara, capital de provincia, con 19 130 habitantes, a 675 m. sobre el n. del mar — la Wad al-Higara, es decir, la llamada Río de las piedras por los árabes — fue conquistada, en 1085, para Castilla por un compañero del Cid. Aquí falleció, en 1458, el famoso poeta Íñigo López de Mendoza, marqués de Santillana y duque del Infantado. Sus sucesores hicieron construir, a partir de 1461, el magnífico palacio de los duques del Infantado, según planos de Juan Guas. Sirvió, durante un tiempo, de residencia al rey de Francia, Francisco I, cuando cayó prisionero en Pavía, y fue escenario de la boda de Felipe II con Isabel de Valois. Durante la última contienda fue destruído, en 1936, el famoso patio, quedando en pie sólo la fachada Oeste.

119-120

Alcalá de Henares, antigua colonia ibera, la romana *Complutum*, sede episcopal bajo el dominio godo, debe su nombre a la fortaleza de los árabes y a la llanura por donde discurre el río Henares. Su reconquista llevóse a cabo el año 1118. Dio fama mundial a Alcalá de Henares su Universidad, fundada en 1510 por el cardenal Jiménez de Cisneros, una de las figuras más ilustres de la Iglesia española y que, como arzobispo de Toledo, era señor de la ciudad. Esta alta escuela desempeñó un papel de primer orden en las ciencias filológicas, y durante el período de florecimiento, en el siglo XVI, llegó a tener 12 000 estudiantes. Por iniciativa de Cisneros se compuso aquí, desde 1514 a 1520, la *Biblia Complutense*, poliglota, en seis tomos, de importancia fundamental para los estudios bíblicos. En Alcalá de Henares nació, en 1547, el escritor máximo de España, Cervantes.

119. La fachada plateresca del Colegio de San Ildefonso, el edificio principal de la Universidad, data de 1543.

120. El claustro edificado por Pedro de la Cotera en 1557, se conoce también con el nombre de *patio trilingüe* por las tres lenguas — latina griega y hebrea — que se enseñaban allí.

121-128. LÁMINA EN COLOR IV (pág. 13)

Toledo, capital de provincia, con 40 243 hab., sede del Cardenal Primado de la Iglesia española, se alza a 548 m. sobre el n. del mar, en una colina, sobre un recodo del río Tajo. Los romanos conquistaron *Toletum*, cuyo origen aparece envuelto en la leyenda, en 192 antes de Jesucristo, e hicieron de la localidad una colonia y la capital de la Carpetania. Poco después de la implantación del Cristianismo se celebraron aquí importantes concilios ; el de 589 significó la victoria del catolicismo sobre el arrianismo. Como residencia de los monarcas godos. Toledo era una de las ciudades más ricas de España cuando, en 712, cayó en poder de los árabes. Continuó su florecimiento gracias, principalmente, al emprendedor elemento judío que había entre sus habitantes. En 1012, el gobernador nombrado por el califa de Córdoba fundó un reino independiente, en el cual alcanzó su apogeo la cultura arábigo-judía. Alfonso VI de León y Castilla conquistó Toledo en 1085, y dos años después la convirtió en su capital. La convivencia pacífica de las tres religiones y culturas rompióse, a fines del siglo XV, con la expulsión de los judíos, la prohibición de la lengua árabe y el establecimiento de la Inquisición. A principios del siglo XVI, Toledo ocupó un puesto destacadísimo en el movimiento de los comuneros contra el arbitrario régimen de la Corona. Pese a ello, Carlos I mostró su preferencia hacia esta ciudad sobre las demás capitales castellanas, y después que Felipe II hubo trasladado la sede del Gobierno a Madrid, siguió conservando su título de « imperial y coronada ». El Alcázar de Toledo fue teatro de uno de los episodios más dramáticos del glorioso Movimiento Nacional. Desde el 22 de julio hasta el 27 de septiembre resistió su guarnición, al mando del coronel Moscardó, los ataques de los republicanos, hasta que fue levantado el sitio.

121. La Puerta del Sol fue construída por los hospitalarios, a principios del siglo XIV, en estilo mudéjar.

122. El Puente de San Martín, obra de los siglos XIII y XIV, permite el acceso a la ciudad por encima del Tajo.

123. Las Murallas de la Cava constituyen una parte de las fortificaciones de la plaza junto al puente de San Martín.

124. La catedral fue erigida, en período godo, por el primer obispo, San Eugenio. Los árabes la transformaron en mezquita, y después de la Reconquista recobró su antigua condición de iglesia. Fernando el Santo mandó reemplazar el antiguo edificio por otro nuevo, con lo cual surgió, entre 1227 y 1493, la imponente catedral gótica actual. La fachada occidental es un aditamento de principios del siglo XVI. La torre, de 90 m. de altura, a la izquierda de la fachada Oeste, fue edificada, entre 1380 y 1440, por Rodrigo Alfonso y Álvar Gómez.

125. Santa María la Blanca es la sinagoga más antigua de Toledo. Fundada en 1180, fue reconstruída en el siglo XIII, y convertida en iglesia cristiana en 1405. Treinta y dos columnas, con arcos mudéjares, dividen el interior en cinco naves.

126-127. La Casa de « El Greco », que, al parecer, sirvió de residencia al gran pintor, fue restaurada por el marqués de Vega Inclán, como típica casa particular de familia distinguida del siglo XVI, y, junto con su jardín, abierta el público. Domenico Theotocopuli, nacido en Creta y conocido por el sobrenombre de « El Greco », llegó en 1577 a Toledo, donde residió hasta su muerte, acaecida en 1614. Allí dedicóse a sus valiosos trabajos, no sólo como pintor, sino también como escultor, arquitecto, escritor y músico.

128. La iglesia de San Juan de los Reyes (arquitecto Juan Guas) formaba parte de un convento, fundado por los Reyes Católicos para conmemorar la victoria obtenida en la batalla de Toro (1476) sobre los portugueses, defensores de los derechos de la infanta doña Juana (llamada la Beltraneja), que disputaba a Isabel la Católica la corona de Castilla. La rica decoración interior, de estilo plateresco, presenta las armas e iniciales de Fernando e Isabel. La real pareja fue enterrada en la iglesia, y, posteriormente, sus restos mortales fueron trasladados a Granada.

129-135
Madrid, situada a una altitud de 580 a 696 m. sobre el n. del mar, en el centro de la altiplanicie arenosa y suavemente ondulada de Castilla la Nueva, era, en la Edad Media, un lugar insignificante. Por primera vez se menciona la *Magrit* árabe en el siglo X. A partir del siglo XIV, los reyes de Castilla establecieron en ella su Corte alguna que otra vez. Carlos I mandó construir el antiguo palacio para residencia real, y, en 1560, Felipe II la declaró capital del Reino de España y su « única Corte ». Desde entonces, la población ha ido creciendo constantemente, a compás de una centralización y burocratización, cada vez mayor, del Estado. Hoy le dan su sello característico los edificios y las calles rectas, obra de los siglos XIX y XX ; altos edificios atestiguan su rápido desarrollo modernísimo. Actualmente, el número de habitantes de Madrid, con la incorporación de algunos arrabales, excede de 2 000 000.

129. Fotografía de uno de los rascacielos de la avenida de José Antonio, la antigua Gran Vía.

130. Vista desde la vía de acceso occidental de la ciudad, por el Valle del Manzanares. A la izquierda, un rascacielos ; a la derecha, el enorme Palacio real, construído en los siglos XVIII-XIX en sustitución del antiguo alcázar.

131. El Retiro es un espacioso parque construído en el siglo XV, ampliado luego en el XVII y que, a finales del XIX, recibió su disposición actual. Constituye su centro el estanque, con la estatua ecuestre del rey Alfonso XII († 1885), obra de Mariano Benlliure (1922).

132. La Ciudad Universitaria, situada en el sector noroeste de Madrid y que comprende toda una serie de cuerpos de edificio destinados a diversas Facultades e Institutos, fue, durante la guerra de 1936-1939, escenario de violentos combates, y desde entonces ha sido reconstruída con toda la grandiosidad. Los edificios que aparecen en la fotografía pertenecen a la Facultad de Medicina. La Universidad de Madrid tuvo su origen en una escuela del siglo XVI, pero no alcanzó su rango de primera categoría hasta que, en la primera mitad del siglo XIX, fue clausurada la de Alcalá de Henares.

1933. El Museo del Prado (Museo Nacional de Pintura y Escultura) se halla instalado en un edificio de estilo clásico, construído por Juan de Villanueva en 1785, bajo el reinado de Carlos III, destinado a Museo de Historia Natural.

Constituían el fondo de la colección del Prado — que cuenta, entre las más ricas del Mundo —, las obras de arte del tesoro de Carlos I y Felipe II. También entre sus sucesores, para quienes trabajaron pintores cortesanos como Velázquez y Goya, hubo apasionados amigos del Arte, y, en 1819, Fernando VII dispuso que se reuniesen en un museo todas las pinturas diseminadas en los palacios reales.

Frente a la fachada de columnas que da al Paseo del Prado (a la izquierda de la fotografía), el monumento a Velázquez, obra de Marinas (1899).

134. Plaza de España, con el monumento a Cervantes (1927). En primer término las figuras en bronce de Don Quijote y Sancho Panza. Al fondo, una casa de veinticuatro pisos, terminada en 1952.

135-137

Corrida de toros en la plaza taurina de Madrid, con motivo de los festejos en honor de San Isidro, patrón de la ciudad (mes de mayo). Las figuras 135-136 muestran las últimas fases de una lidia. Una vez los picadores, montados, han acometido al toro con sus picas y los banderilleros le han clavado los rehiletes, se adelanta solo el matador, jefe de la cuadrilla, al encuentro del toro, armado con el estoque y el paño rojo (muleta), para realizar el último tercio de la lidia, llamado precisamente *tercio de muleta*, tras el cual asestará a la fiera, como remate de su faena, la estocada mortal.

137. Si el matador ha realizado una buena faena, los espectadores le tributan una ovación, y la presidencia le concede una oreja, dos, el rabo y una pata, e incluso las cuatro de la fiera muerta, trofeos cuya cantidad está en proporción con la faena realizada, o sea, con el arte y valor demostrados durante la misma. Por lo general, en una corrida intervienen tres matadores, con sus respectivas cuadrillas, cada una de las cuales lidia dos toros. En los llamados *mano a mano* intervienen sólo dos matadores, con sus cuadrillas, y cada uno tiene que lidiar tres toros.

138-140

En Aranjuez, a 47 km. al sur de Madrid, el gran maestre de la Orden de Caballería de Santiago construyó una residencia campestre en el siglo xiv, que en 1522 pasó a propiedad de la Corona de España. A partir de Carlos I, el lugar fue utilizado como residencia primaveral de la Corte. En 1561, Felipe II encargó a Juan Bautista de Toledo y Juan de Herrera, los arquitectos de El Escorial, la construcción de un nuevo palacio. Destruído por un incendio, fue reconstruído, durante la primera mitad del siglo xviii, para Felipe V. Asimismo, sus famosos jardines fueron ampliados y embellecidos durante el siglo xviii.

138. El jardín del lado este del Palacio real fue instalado, en 1746, por el francés Boutelou. La Fuente de Hércules procede de la época de Fernando VII (principios del siglo xix).

139. Gran patio de honor del Palacio real, habilitado actualmente para museo.

140. La Casa del Labrador, palacete según modelo del Trianón de Versalles, edificado, en 1800, por Isidro González Velázquez, en el parque a orillas del Tajo (Jardín del Príncipe), para Carlos IV.

141

Cuenca, capital de provincia y sede episcopal, en Castilla la Nueva, se extiende sobre una colina a orillas del río Júcar, que se une aquí con el Huécar, al pie de la Serranía de Cuenca, a una altitud que oscila entre 922 y 1022 m. Sobre una garganta se hallan las *Casas colgadas*. La población, conocida desde la época romana, fue arrebatada a los moros, en 1177, por Alfonso VIII, tras un asedio de nueve meses.

142

La Ciudad Encantada, a unos 30 km. al norte de Cuenca, se originó, con sus fantásticas formas rocosas, por erosión de un macizo sedimentario gredoso de edad mesozoica.

143

Paisaje de Castilla la Nueva, entre Aranjuez y Quintanar de la Orden, con plantaciones de olivares.

144

Casas de las cercanías de Ocaña (prov. de Toledo).

145

Mota de Cuervo (prov. de Cuenca). Diversas alfarerías elaboran aquí las jarras típicas de la Mancha.

146
Uno de los molinos que, gracias al *Don Quijote,* de Cervantes, han pasado a la literatura universal. La palabra *Mancha* deriva, tal vez, del árabe *manxā* = alta llanura. La Mancha es la planicie más extensa de Castilla la Nueva, con horizontes de amplitud oceánica ; pero los ríos han cortado en su suelo profundos valles, en los que prosperan los cereales, olivos y vides.

147
Corral de Almaguer (prov. de Toledo), localidad de las cercanías de Aranjuez, en la alta llanura de Castilla la Nueva.

148
Mujeres junto a un pozo, en una aldea de la Mancha

149
El pueblo de Lagartera, en la provincia de Toledo, es renombrado por sus antiguas costumbres, sus bordados y sus labores de filigrana.

150
Oropesa (prov. de Toledo). Panorama desde el castillo elevado sobre la llanura castellana, con campos y olivares, en dirección hacia Madrid. El castillo, con sus poderosas atalayas, fue construído, en 1366, para los duques de Frías. En el ala más moderna, de 1402, la Dirección General de Turismo ha instalado un parador.

151-153
En la falda sudoriental de la Sierra de Guadalupe (Extremadura), Alfonso IX, después de una victoria alcanzada sobre los moros, fundó el convento de Santa María de Guadalupe, que, por su carácter de centro de peregrinación, especialmente en época de los Reyes Católicos, fue dotado de ricas fundaciones. Colón se detuvo aquí antes de descubrir la isla que bautizó con el nombre de Guadalupe, en honor de la Virgen. Desde 1389 a 1835 lo ocuparon los jerónimos. En 1908, los franciscanos se hicieron cargo del monasterio abandonado. La figura 151 muestra el conjunto de edificios — sólidamente fortificados — del convento, que domina la población.

152. La iglesia conventual gótica, desde cuya fachada se domina la plaza principal del pueblo, fue construída de 1349 a 1363, y renovada en el siglo XVII.

153. En el centro del espacioso claustro, de dos pisos, obra de fines del siglo XIV, se levanta una glorieta con una fuente de estilo mudéjar, edificada en 1405, y que constituye uno de los ejemplos más elocuentes de la adopción de las formas árabes para las construcciones religiosas cristianas, con las baldosas y ornamentos que les son característicos.

154-155
Carretera de Navahermosa a Guadalupe, en la región del Puerto de San Vicente.

156
Puente moderno, de cemento armado, sobre el Tajo, en la carretera Plasencia-Cáceres. Desde aquí, el río sigue su curso hacia Portugal.

157-158
Trujillo (prov. de Cáceres, a 517 m. sobre el nivel del mar), que ha dado nombre a varias poblaciones de Sudamérica, conserva su fisonomía antigua, que recuerda la época de los conquistadores. Sus fortificaciones pertenecen aún, en parte, a la *Turgalium* ibérica prerromana. En 1475 nació aquí pizarro, conquistador del Perú. En la Plaza Mayor (fig. 158) fue erigida, en 1927, una estatua ecuestre, de bronce, en su honor, obra del escultor americano C. C. Rumsey. En un ángulo de la misma plaza se alza el palacio de los sucesores de Pizarro, los duques de la Conquista. Data de principios del siglo XVII, y está ornamentado con afiligranados blasones (fig. 157).

159
Pozo en la árida altiplanicie de Extremadura.

160
Cáceres (439 m. sobre el n. del mar), la antiquísima capital de la región de Extremadura, se levanta en el emplazamiento de la colonia romana *Caesarina Norbensis*, en la carretera de Mérida a Salamanca. Los árabes la ocuparon en el siglo IX. En las luchas entre moros y cristianos, durante los siglos XII-XIII, la ciudad cambió varias veces de dueño. También en las guerras civiles y en las luchas con Portugal ha sido repetidamente disputada.

La Casa de los Golfines, con su cornisa plateresca — característica de fines del siglo XV — sobre las murallas a modo de fortaleza, albergó a los Reyes Católicos. Un relieve, sobre la entrada, muestra su anagrama : *Fer de fer.*

161

Mérida (prov. de Badajoz) fue fundada en 23 antes de Jesucristo bajo el reinado de Augusto. Con el nombre de *Emerita Augusta*, fue la capital de la Lusitania y una de las principales ciudades romanas de la Península, capaz de albergar una guarnición de 90 000 hombres. Recuerdan aquella época numerosos edificios, entre ellos el teatro, bien conservado, construído bajo el reinado de Agripa (18 a. de J. C.), con capacidad para 5500 espectadores. La columna del escenario fue añadida en tiempos de Adriano.

162-167. LÁMINA EN COLOR V (pág. 15)

Sevilla, con sus 380 000 hab., la cuarta ciudad de España, está situada en la fértil llanura andaluza, en el curso inferior del Guadalquivir, llamado Betis en la Antigüedad y navegable hasta aquí. Hispalis fue sede del enigmático pueblo de los turdetanos, convertida después en emporio comercial de los fenicios, griegos y cartagineses. César conquistó la plaza en 45 antes de Jesucristo. En el 411 de nuestra Era la ocuparon los vándalos ; en 441, los visigodos, y en 712, los árabes. Con la decadencia de Córdoba, en el siglo XI, Sevilla convirtióse en la primera ciudad de la España mahometana, y gozó de un período de florecimiento económico y cultural, especialmente bajo el dominio de los almohades (a partir de 1146). Su conquista por Fernando III, en 1248, trajo consigo su obligada cristianización. Tras el descubrimiento de América, el monopolio del comercio marítimo le permitió vivir una nueva época de prosperidad. Alfonso X el Sabio, que residió en ella temporalmente durante la segunda mitad del siglo XIII, concedió a la ciudad, en agradecimiento a su leal comportamiento, la divisa : « Muy noble, muy leal, muy heroica e invencible ».

162. Vista de la catedral desde el Alcázar.

163. La catedral fue edificada, durante el siglo XV, en el emplazamiento de la primitiva mezquita, de la cual se aprovechó el imponente alminar de fines del siglo XII, que fue rematado con un campanario (siglo XVI), llamado « la Giralda ».

164-166. El Alcázar, residencia de los príncipes almohades, fue terminado magníficamente

después de la cristianización — de un modo especial, durante el gobierno del rey castellano Pedro I el Cruel —, en el refinado estilo del arte cortesano de los musulmanes, bajo la dirección de moros convertidos. En varias ocasiones — entre ellas, en 1526, con motivo de la boda de Carlos I — se realizaron en él trabajos de ampliación y restauración. — 164. Vista desde el Patio de las Doncellas, a través del Salón de Embajadores — magnífica obra, de estilo mudéjar, de la época de Pedro I —, de las habitaciones de María de Padilla (lámina en color V). — 165-166. Jardines del Alcázar, que, con sus fuentes y pabellones hermanan, de un modo especial en mayo — mes de las flores —, el encanto de Oriente con el de Occidente.

167. La llamada Casa de Pilatos, hoy propiedad del duque de Medinaceli, fue edificada, durante los siglos XV y XVI, para Pedro Henríquez y su hijo, primer marqués de Tarifa. El patio, con sus azulejos u ornamentos de estuco, es uno de los ejemplos más primorosos del estilo mudéjar. La estatua de Minerva, en la esquina, procede de la colonia romana de Itálica, cuyas ruinas se hallan en un arrabal de Sevilla.

168-169

Antequera (prov. de Málaga, a 512 m. sobre el n. del mar). La *Anticaria* de los romanos se extiende en un feraz valle de la Sierra del Torcal, habitada ya en tiempos preshistóricos. La figura 169 muestra una típica calle andaluza.

170

Aldea de la Quintana (prov. de Córdoba) es un puñado de chozas, con techumbre de paja, en una altura entre Sevilla y Córdoba.

171

Loja (prov. de Granada), ciudad andaluza a orillas del río Genil.

172

Andaluza con atuendo típico y castañuelas, bailando la *sevillana*. De entre todo el rico acervo folklórico español, tan variado en cantos y danzas en las diversas regiones, las tonadas y ritmos andaluces son, con su sello oriental, los que más fascinante influjo han ejercido sobre los músicos de otros países.

6. HÜRLIMANN : España.

173

Ronda (prov. de Málaga), ciudad de 16 000 habitantes, a 750 m. sobre el n. del mar, está situada al borde de una meseta rocosa de la Serranía, que, por el lado Oeste, está cortada, casi a pico, desde una altura de unos 200 m., en un trecho de más de 1 km. Gracias a su situación, la localidad fue, desde 1097 a 1485, una fortaleza fronteriza de los reyes moros de Granada. Las dos mitades de la ciudad están unidas mediante un puente, que salva la profunda garganta (Tajo) del Guadiaro. En la fotografía aérea puede distinguirse, a la izquierda, la plaza de toros, tan característica de muchas ciudades españolas.

174

Jaén (la antigua *Aurgi*), capital de provincia con cerca de 62 000 hab., a 574 m. sobre el n. del mar, fue fortificada por Asdrúbal. Los Escipiones la arrebataron a los cartagineses, adquiriendo importancia la ciudad, durante la dominación romana, por las minas de plata de su comarca. Los árabes crearon en ella un pequeño reino propio, el de *Gaiyán* (Jaén), dependiente, primero, de los califas de Córdoba, y luego, de los reyes de Granada. Desde que lo conquistó Fernando el Santo, en 1246, hasta la caída de Granada, en 1492, Jaén fue un monjón avanzado de la Reconquista. La ciudad se extiende al pie de la colina coronada por la fortaleza mora, y la domina la catedral de amplia fachada barroca con dos torres.

175

Entre Andújar y Córdoba, en una fértil llanura de la ribera del Guadalquivir, un puente romano de tres arcos, sobre el río Salado de Porcuna, recuerda la antigua Vía Augusta.

176

Málaga es la capital de una provincia andaluza y uno de los principales puertos de España, con una población de 276 000 hab., mercado central de los vinos dulces especiales de esta región. *Malaka* o *Malacha* — es decir, *oficina*, en el sentido de mercado o factoría — fue, junto con *Gades*, la más importante de las colonias tirias de España. Ya en los primeros siglos cristianos se estableció en ella una sede episcopal. Los árabes la ocuparon desde 711 a 1487, y convirtieron la ciudad — que fue, temporalmente, la capital de un pequeño reino independiente — en una de sus más poderosas fortalezas. Después de su conquista por los Reyes Católicos, el elemento árabe siguió predominando en la localidad. Las iglesias y conventos de la ciudad sufrieron estragos y devastaciones al proclamarse la República, en 1931, y durante la guerra civil de 1936.

La fotografía aérea permite ver, en primer término, a la derecha, la Alcazaba (es decir, la fortaleza), acabada de construir en el siglo IX sobre los cimientos de edificaciones más antiguas. Una muralla la une al castillo de Gibralfaro (parte superior izquierda). A la derecha, las instalaciones portuarias y la plaza de toros.

177-182

Córdoba. hoy capital de provincia, con 165 000 habitantes, fue la primera colonia romana en España, y floreció como capital de la provincia de Hispania Ulterior. En 325, su obispo, Osio, presidió el Concilio ecuménico de Nicea. Desde la invasión árabe (715), y muy especialmente desde que, en 756, los omeyas consolidaron su brillante soberanía y establecieron un califato independiente, Córdoba se convirtió en una de las ciudades más esplendorosas del Islam, y su fama como centro de las Artes y las Ciencias, en particular las Matemáticas, irradió incluso a la Europa cristiana. Según parece, durante los siglos IX y X, la ciudad contaba 300 000 hab., trescientas mezquitas y una serie de magníficos palacios. Su ocaso empezó en 1100, con la irrupción de los bereberes y las rivalidades dinásticas. En 1236, Fernando el Santo la ocupó sin dificultad.

177. Vista, desde la orilla izquierda del Guadalquivir, del llamado *puente romano*, obra principalmente de la época árabe y renovado muchas veces en el transcurso de los siglos. Tiene 240 m. de longitud y dieciséis arcos. En el fondo, la catedral elevándose por encima de la ciudad vieja.

178. Pequeña Plaza del Potro, con la estatua de San Rafael en primer término, y, detrás, la fuente con la figura de un potro. Según parece, Cervantes, que cita esta plaza en el *Quijote*, residió en una de sus casas.

179. Una calleja típica de la ciudad vieja.

180-181. Abderramán I mandó demoler la iglesia edificada por los godos sobre un templo de Jano, y, después de indemnizar a los cristianos, inició, en 785, la construcción de la mezquita principal, que debía superar a todas las demás en magnificencia. Por su capacidad, una vez terminada sólo podía compararse con la Kaaba de La Meca, Al introducirse la cristianización, limitáronse, al principio, a construir en su interior capillas y altares, hasta que en el siglo XVI, por orden real y pese a la viva protesta de la municipalidad, temerosa por la suerte del bellísimo monumento, procedióse a una reforma más amplia, añadiéndole un coro alto. De todos modos, hoy la catedral sigue dominando el panorama de la ciudad con el nombre de *La Mezquita*. La fachada oriental (fig. 180) presenta todavía, en una buena parte, la ornamentación árabe en relieve. El interior (fig. 181) es un bosque de más de mil columnas de granito y preciosas variedades de mármoles policromos, traídos de los más diversos países, e incluso de templos de la Antigüedad. Los dos pisos de arcadas están hechos de fajas alternantes de piedra blanca y baldosas rojas.

182.   Almacenes en el puente fortificado moro — restaurado en el siglo XIV —, llamado Calahorra, en la orilla sur del Guadalquivir.

183-191.   LÁMINA EN COLOR (SOBRECUBIERTA)
Granada. Capital de provincia y sede archiepiscopal, con más de 154 000 hab., se halla situada, a 682 m. de altitud, en las estribaciones noroccidentales de Sierra Nevada, en una amplia y fértil vega. La población se conoce ya desde el siglo V antes de Jesucristo ; era la Iliberis celtibérica. En el siglo VIII, los árabes la reedificaron con el nombre de *Garnata;* pero hasta el siglo XI, tras la extinción de la dinastía de los omeyas en Córdoba, no comenzó su marcha ascendente, que debía hacer de ella la primera residencia árabe en España. Conquistada Córdoba en 1236, Granada continuó siendo, durante dos siglos y medio más, capital del reino islámico de la costa mediterránea española, donde, bajo el gobierno de los Nazaritas (desde 1241), prosperaron la economía y la cultura. Ya en 1350, Granada debió contar con unos 200 000 habitantes, cifra que se elevó a 500 000 en el siglo XV. Disponía de cincuenta escuelas superiores y setenta bibliotecas. Las disensiones dinásticas favorecieron la arremetida de los Reyes Católicos contra este último baluarte de los moros, y, así, el 2 de enero de 1492 entraron Isabel y Fernando en la ciudad, en cuya catedral reposarían más tarde sus restos mortales. En tiempo de Fe-

lipe II, Granada y su comarca sufrieron la sangrienta represión de los moriscos (neocristianos de origen árabe).

183.   Vista, desde el Noroeste, de la colina Cerro del Sol, con la Alhambra, palacio fortificado de los reyes moros. Debe su nombre de *al-Hamrā*, es decir, *La Roja*, a la piedra rojiza de que está construída.

184.   Vista de la fortaleza la Alcazaba, la parte este y la más antigua de la Alhambra, hacia Sierra Nevada.

185.   Patio interior de la Alcazaba, visto desde el Oeste. Las excavaciones han permitido descubrir el dédalo de construcciones subterráneas. Al fondo, el cubo y torre del Homenaje.

186.   Los palacios del Alcázar, residencia real propiamente dicha, dentro de la Alhambra, proceden del siglo XIV principalmente. Los Reyes Católicos respetaron la inaudita magnificencia de aquellos testimonios de refinada cultura cortesana ; pero durante el reinado de Carlos I se realizaron modificaciones, al objeto de dar cabida a un nuevo palacio. En el siglo XVIII, el edificio quedó completamente descuidado ; mas, a partir de 1830, renació la estima por este monumento único y el afán de su digna restauración. El Patio de los Arrayanes (Patio de los Mirtos), llamado también Patio de la Alberca, ofrece, con la Torre de Comares por fondo, el contraste entre la noble arquitectura interior y la sobria pujanza de las murallas estratégicas que la rodean.

187.   En el Mirador de Daraxa, pequeño recinto a modo de galería, triunfa plenamente el arte islámico ornamental, que, renunciando a la representación de la Naturaleza animada, se limita a reproducir los signos de la escritura arábiga en sus formas abstractas.

188.   La Sala de las Dos Hermanas tiene una cúpula de estalactitas de singular riqueza.

189-190.   El Patio de los Leones está rodeado de galerías, con ciento veintiocho esbeltas columnas de mármol blanco ; en el centro, la fuente con doce leones.

191.   Al Este, fuera de la Alhambra, sobre una colina algo más elevada, se halla el palacio

real de verano llamado *El Generalife*, obra del siglo xiv, con jardines en terraza.

192

Vista, desde la carretera de Granada a Motril, del *hinterland* montañoso de la costa mediterránea.

193

Costa mediterránea entre Motril y Almería, con feraces huertas en medio de peladas lomas.

194-195

Almería. Capital de la provincia de su nombre y puerto del Mediterráneo, donde se embarcan, principalmente, fruta y esparto ; 80 000 hab. Es de fundación fenicia, y su nombre árabe significa *Monte de la paz*. Especialmente en el siglo xi, como capital de un reino moro otrora independiente, Almería fue una de las ciudades más prósperas de la Península, y su Corte protegió a los poetas y sabios. Tras su primera ocupación por los cristianos, en 1147, el puerto se vio envuelto repetidamente en las luchas de las potencias mediterráneas. En el siglo xix, la ciudad sufrió los efectos de las guerras civiles.

Las dos fotografías, tomadas desde la plataforma de la torre fortificada de la catedral, ofrecen el panorama del puerto y del cerro de la Alcazaba, al fondo de las azoteas de la ciudad. La Alcazaba fue construída, en el siglo x, por el califa Abderramán III, terminándola, en el curso del siglo siguiente, los monarcas locales.

196-198

Paisajes de la costa mediterránea entre Almería y Sorbas y en las cercanías de Huércal-Overa. Entre las sierras peladas y desérticas prosperan, en los valles fluviales, huertas con palmeras y naranjales, a modo de oasis.

199

Murcia, capital de provincia, con unos 220 000 habitantes, la *Mursiya* de los árabes, fue, durante el siglo xiii, capital, por breve tiempo, de un reino independiente, antes de ser anexionada a la Corona de Castilla. Bajo el reinado de Alfonso X el Sabio se establecieron en ella catalanes, aragoneses y provenzales. La catedral fue edificada, desde 1394 hasta bien entrado el siglo xvi, en el emplazamiento de la mezquita. La capilla octogonal de los Vélez, de estilo plateresco, en la parte Este, es de fines del siglo xv.

200

El Peñón de Ifach (prov. de Alicante), de caliza eocena, se eleva a 300 m. en la Península de Calpe, cuyo istmo es un típico tómbolo cuaternario.

201

Explanada del puerto de Alicante, capital de la provincia de igual nombre, con unos 105 000 habitantes. Aun cuando es conocida desde la Antigüedad, la ciudad, que goza de un clima mediterráneo ideal, produce una impresión de total modernismo.

202

En el palmeral de Elche (prov. de Alicante), surcado por canales de irrigación, se recibe la impresión de hallarse en un oasis norteafricano ; gracias al clima, extraordinariamente templado, se cosechan abundantes dátiles.

203-204

Valencia, con sus 510 000 hab., la tercera ciudad de España en cuanto a población, es la capital de una de las provincias más fértiles de todo el país. Vivió las épocas de los griegos, cartagineses, romanos, godos (4137-14) y árabes ; el Cid la conquistó en 1094, y ejerció su soberanía en ella hasta su muerte, acaecida años después. En 1101, los moros volvieron a apoderarse de la ciudad, fundando en ella, en 1146, un reino independiente, que luego Alfonso II de Aragón hizo tributario, y Jaime I el Conquistador anexionó a sus territorios en 1238. A fines del siglo xv quedó bajo el gobierno de un virrey castellano. En 1510 fundóse su Universidad. A principios del siglo xvii, su economía sufrió un retroceso a causa de la persecución de los activos moriscos. En los movimientos revolucionarios del siglo xix, Valencia desempeñó un papel de gran importancia. Entre 1932 y 1936 fueron saqueados numerosos conventos e iglesias, y, durante la guerra civil, el Gobierno republicano estableció algún tiempo su residencia en la ciudad.

203. La Lonja de la seda fue edificada, en 1483-98, por Pedro Compte, en estilo gótico tardío. La mitad derecha del edificio, la representada en la figura, contiene la antigua sala de contrataciones de los traficantes en seda.

204. Las Torres de Serranos forman parte de la muralla de circunvalación de la ciudad me-

dieval, reconocible aún en muchos puntos del trazado de las calles modernas. La puerta nordeste fue construída en 1238, reinando Jaime I el Conquistador. En 1392-98, Pedro Balaguer le añadió las dos torres.

205

Rebaño de cabras en la comarca de Sagunto.

206

Dominando la ciudad de Sagunto (prov. de Valencia), llamada, hasta 1877, Murviedro (de *Muro vetero*), se alza el castillo construído sobre unas antiguas ruinas. La ciudad celtibérica, aliada de Roma, fue conquistada, en 219 antes de Jesucristo, por Aníbal. Su heroica población se dio muerte después de haber destruído todos sus bienes, para evitar que cayesen en manos del enemigo. Bajo la dominación romana, Sagunto fue ciudad importante, como lo prueban, entre otras cosas, los restos de un teatro de aquella época.

207

Peñíscola (prov. de Castellón de la Plana), roca que emerge del Mediterráneo, fue, desde tiempos muy remotos, habitada por iberos, fenicios, griegos, cartagineses y romanos. Después de su conquista, en 1234, Jaime I la cedió a los templarios, quienes construyeron en ella un castillo nuevo. En 1414 se retiró allí el antipapa Benedicto XIII (Pedro de Luna), depuesto por el Concilio de Constanza, y hasta su muerte, ocurrida en 1423, mantuvo sus pretensiones a la silla pontificia.

208-209

Tarragona, actualmente capital de provincia de más de 41 000 hab., fue uno de los puertos más florecientes y prósperos del Imperio romano. Los iberos tuvieron en ella una gran base estratégica. En 218 antes de Jesucristo la conquistaron los Escipiones, y los romanos la convirtieron en una de sus principales bases hispánicas. Augusto pasó en ella el invierno del año 26 antes de Jesucristo, e hizo de *Tarraco* la capital de la Hispania Citerior. Marcial y Plinio cantaron su clima y su vino. Según la leyenda, el propio San Pablo convirtió la ciudad al Cristianismo. En el siglo v elevóse a sede archiepiscopal y metropolitana. Entre los siglos XII a XIV se celebraron en ella veinticinco concilios. A lo largo de su azarosa historia, la ciudad ha sido destruída varias veces. Así, por los visigodos, árabes y, en época moderna,

por los ingleses (1705) y por los franceses (1811). En el siglo XII la ocuparon los normandos, y en el XIII pasó, definitivamente, a formar parte de Cataluña. El descubrimiento del Nuevo Mundo, que favoreció a otros puertos, restó a Tarragona buena parte de su antigua importancia.

208. La fachada gótica de la catedral, construída entre 1120 y 1331, está ornamentada con estatuas de apóstoles y profetas. La parte más antigua del portal es obra de Bartolomeo el Normando (1278), cantero de Gerona. Las figuras posteriores son de Jaime Castayls, de Barcelona (año 1375).

209. Las murallas romanas de la ciudad fueron construídas sobre los grandes bloques de las primitivas, llamadas *Murallas ciclópeas*.

210-211

El Monasterio de Santa María de Poblet (prov. de Tarragona) fue fundado, en 1153, por Ramón Berenguer, conde de Barcelona y rey de Aragón, y ocupado por monjes de Fontfroide, residentes cerca de Narbona. La poderosa abadía cisterciense disfrutó también del favor de sus sucesores, entre los cuales. Pedro IV mandó edificar, en 1367, un panteón en la iglesia conventual. Jaime I el Conquistador reposa en él, junto a otros monarcas aragoneses. Durante la guerra civil de 1835, el monasterio quedó abandonado; y, en 1940, los monjes se reintegraron a él.

210. El claustro, con el templete del centro, data de mediados del siglo XIII.

211. En 1529, reinando el emperador Carlos V, el abad Caixal encargó a Damián Forment un retablo de alabastro para la iglesia conventual, construída en el siglo XII por Alfonso II de Aragón.

212

Lérida, capital de la provincia de su nombre, tiene cerca de 53 000 hab. La Ilerda romana, donde, en 49 antes de Jesucristo, derrotó César a Pompeyo, fue arrebatada, en 1149, a los moros por Ramón Berenguer, conde de Barcelona. La plaza, magníficamente fortificada, fue objeto de repetidas disputas entre españoles y franceses. En el siglo XVII defendióse con éxito contra los ataques de Condé; pero en 1707 fue tomada por el duque de Orleáns, y, en 1810, por Suchet. Durante la guerra civil de 1936 sufrieron daños los edificios religiosos. Vista de la ciudad — construída en la orilla del río Segre — y de la colina fortificada, con la catedral vieja o Seo, edificación del siglo XIII, abandonada desde hace mucho tiempo y empleada como cuartel en el siglo XVIII. En la actualidad se está restaurando.

213

Pequeña iglesia románica de Santa Coloma, en el Principado de Andorra, cuya soberanía es ejercida conjuntamente por el obispo español de la Seo de Urgel y el jefe del Estado francés, como sucesor del conde de Foix.

214

La pequeña ciudad pirenaica de la Seo de Urgel (prov. de Lérida), a 700 m. sobre el n. del mar, es sede episcopal desde el siglo VI. En la figura, el ala este, desfigurada en parte, de la catedral románica, *La Seu*, del siglo XII.

215

Coll de Nargó, valle del río Segre, entre Seo de Urgel y Lérida.

216-217

Ripoll (prov. de Gerona), situada en la región pirenaica, a 681 m. sobre el nivel del mar, surgió en torno al Monasterio de Santa María, fundado en el siglo VI, destruído luego por los árabes y reconstruído a partir de 888. El claustro y la iglesia conventual cuentan entre los más valiosos monumentos del arte románico de Cataluña. El claustro, de dos pisos (fig. 216), procede de los siglos XII-XIII. El *Arco de triunfo del Cristianismo* (figura 217), ricamente articulado y único en su género, de la fachada oeste de la iglesia, data de la primera mitad del siglo XII o final del XI.

218

Vich (prov. de Barcelona), al pie de los Pirineos, es la romana *Ausa*, sede episcopal en la época visigoda. En 713 la destruyeron los árabes, y en 798 la reedificaron los francos, convirtiéndola en fortaleza. El piso inferior del claustro anejo a la Catedral, fundada en el siglo XI, es románico (siglo XII). La parte alta, con el fino gablete de sus arcos, de un gótico tardío, es del siglo XV.

219

Valle del río Ter, en los Pirineos catalanes, entre Ripoll y Vich.

220-222

Montserrat — tal vez la *Montaña aserrada* o *Montsagrat*, es decir, *Montaña sagrada* — se alza casi como una parte desgajada de la orogenia catalana, en fantásticas estructuras rocosas, a 1240 metros sobre el n. del mar. La abadía benedictina, fundada en 880, aproximadamente a mitad de la cuesta, es, por su imagen milagrosa de Nuestra Señora de Montserrat, patrona de Cataluña, un centro de peregrinación muy concurrido. San Ignacio de Loyola depositó su espada en el altar de la Virgen y le consagró su vida.

220. Edificaciones conventuales, situadas a 725 m. sobre el n. del mar, con la iglesia, erigida bajo el reinado de Felipe II (de 1565 a 1592), y que desde entonces ha sufrido numerosos cambios. Su ábside, que imita el estilo románico, data de 1880.

221. Uno de los numerosos picachos rocosos de la montaña.

222. Parte sur de Montserrat, con el pueblo de Monistrol, a orillas del Llobregat.

223

Siguiendo hacia el Sur por la Costa Brava, entre San Feliu de Guíxols y Lloret de Mar, se eleva el promontorio de Tossa, con su recinto fortificado que flanquean ruinosos torreones medievales del castro *Tursia*, nombre con el cual figura en documentos del siglo XII. La población moderna ha desbordado las murallas de la *Vila Vella* y se extiende por el llano. En sus cercanías, en el lugar llamado *Els Ametllers* (Los Almendros) se ha descubierto un notable mosaico en las ruinas de una villa romana, *Turissa*, precedente milenario de la actual Tossa de Mar.

224

Otro de los bellos rincones de la Costa Brava gerundense, más recogido e íntimo que el anterior, es Tamariu, entre Aigua Blava y Llafranc, enclavado en el término municipal de Palafrugell.

225

El puerto natural de Cadaqués, pueblecito de pescadores cercano al Cabo de Creus paulatinamente convertido en concurrida estación veraniega, constituye una de las más pintorescas ensenadas de la costa gerundense, capaz de ofrecer seguro abrigo a toda clase de buques. Sus excelentes cualidades como fondeadero y su proximidad a la frontera francesa justifican su brillante papel en las luchas navales de los tiempos en que las naves catalanas corrían orgullosas por todo el Mediterráneo.

226

Sitges (prov. de Barcelona), antigua villa, gracias a su hermosa playa es, desde fines del siglo XIX, un balneario muy concurrido, especialmente por los habitantes de Barcelona, distante 45 km.

227-231

Barcelona, la antigua capital de Cataluña, fue fundada al parecer, por griegos focenses. Su primitivo nombre, Barcino, es de origen ibérico o ligúrico. Los cartagineses la ocuparon al invadir la Península, en el 237 antes de Jesucristo. Bajo la dominación romana (a partir del 201 antes de Jesucristo), su puerto aumentó aún más su importancia. En 343 se fundó el obispado. Los árabes se mantuvieron en Barcelona apenas un siglo. A principios del IX la ocupó Ludovico Pío, hijo de Carlomagno, quien la constituyó capital de la Marca Hispánica del Imperio Franco. Desde 874 hasta su unión con Aragón, en 1137, los condes de Barcelona fueron soberanos independientes, y la cultura catalana vivió una época de esplendor. También en la Alta Edad Media fue Barcelona uno de los principales centros comerciales del Mediterráneo, y su legislación dio la norma de todo el derecho marítimo de la época. En el siglo XVII, el rey de Francia apoyó las campañas autonomistas de los catalanes, y, durante un tiempo, fue soberano de la ciudad. Los trastornos políticos del siglo XIX no lograron detener su ascendente marcha económica, y en torno al notabilísimo núcleo del barrio gótico desarrollóse una magnífica ciudad moderna, de cerca de 1 500 000 hab., caracterizados por su gran laboriosidad.

227. Vista, a través de una de las callejas del barrio gótico, de la Plaza del Rey, en cuyo centro aparece el antiguo Palacio real, con la torre, construída en 1557 llamada convencionalmente *Mirador de Mar* o *del rey Martín*.

228. En el Palacio de la Generalidad, la antigua Audiencia — construcción gótica del siglo XV —, el piso alto del patio de la escalera está rodeado por una galería en forma de claustro.

229. Además de la Sagrada Familia, Gaudí ha embellecido Barcelona con originalísimas construcciones civiles : Parque Güell, casa Batlló (en el Paseo de Gracia), Palacio Güell (en la calle del Conde del Asalto), etc. Destaca sobre todas la casa Milá, en el Paseo de Gracia, esquina a la calle de Provenza, y conocida vulgarmente con el nombre de «La Pedrera». Labrada toda ella en piedra de Montjuich, muestra motivos decorativos del mundo subterráneo que le dan el aspecto de una serie de grutas superpuestas. Las cubiertas, en blanco y azul, semejan un agitado mar, sobre el cual sobresalen chimeneas de caprichosas formas inspiradas en el reino zoológico.

230. En esta vista aérea de Barcelona aparece el conjunto de edificaciones que constituyen el llamado «Barrio gótico», cortado en el lado izquierdo por la Vía Layetana, paralela a las murallas de la romana *Barcino* y que desemboca en el puerto. Sobre una colina de escasa elevación, el *Mons Taber*, se eleva la Catedral, rodeada de una serie de construcciones góticas, entre las cuales sobresalen el Ayuntamiento, la Generalidad (fig. 228), el *Palau* (Palacio episcopal), la casa del Arcediano, la Inquisición, el Palacio Real (fig. 227) con su deliciosa capilla de Santa Águeda y, más lejos, cerca del ángulo superior izquierdo, la basílica de Santa María del Mar. En el borde superior de la fotografía, entre el mar y el puerto, se divisa la Barceloneta, barriada de pescadores alineada junto al Paseo Nacional — la *Cannebière* barcelonesa —, la torre del funicular aéreo, el balneario de San Sebastián y el Club de natación.

231. La construcción del Templo Expiatorio de la Sagrada Familia, de Barcelona, fue comenzada el 19 de marzo de 1882. Se encomendó la obra al arquitecto reusense don Antonio Gaudí Cornet (fig. 229), quien se dedicó a ella con ferviente entusiasmo hasta su muerte, acaecida en 1926, a los 74 años de edad. Iniciada en el estilo gótico la construcción de la cripta, Gaudí abandonó el plan

primitivo para concebir una obra grandiosa, de gran originalidad, y concentró toda su atención durante más de treinta años a la portada de la Natividad, que hoy vemos terminada, con sus espléndidos relieves y mosaicos y sus cuatro torres, que se elevan a más de 100 m. de altura, destinadas a alojar campanas tubulares. Estas cuatro torres, con sus ocho gemelas — cuya construcción no ha comenzado — correspondientes a las portadas de la Pasión y de la Gloria (al sur y oeste del monumento), simbolizan a los doce Apóstoles ; otras cuatro estarán dedicadas a los Evangelistas. Quedará dominado el conjunto por el gran cimborrio central que representará a Jesucristo y ha de elevarse a los 170 m. de altura. Delante del templo, una vasta explanada, donde ha de construirse el claustro, ha servido ya en algunas ocasiones para la representación de Autos sacramentales.

232-247

En su día reino independiente, bajo un monarca de la Casa de Aragón, las Baleares forman en la actualidad una de las provincias insulares de España. Mallorca, Menorca e Ibiza son las islas más importantes de este archipiélago, que posee una estratégica situación en medio del Mediterráneo occidental y constituye la avanzada del Mundo Hispánico hacia el Oriente. Su capital, Palma de Mallorca, con cerca de 150 000 habitantes, es un centro turístico de universal renombre, muy justificado por la dulzura de su clima y la belleza de sus paisajes.

232. Con sus cimientos batidos por las olas y contigua al palacio real de la Almudaina, la Catedral ocupa un emplazamiento privilegiado, y su nave principal se eleva a más de 50 m. de altura, dominada por dos torres gemelas y numerosos pináculos que surgen de los arbotantes. En cumplimiento de un voto del Monarca, su construcción fue comenzada en 1230, al año siguiente de la conquista de la ciudad y de la isla por Jaime I de Aragón. En 1903, el arquitecto catalán Antonio Gaudí, antes citado, dirigió las obras de su restauración, abriendo rosetones y ventanales que inundan de luz el templo, como lo habían concebido los primeros arquitectos de esta maravillosa obra.

233. Los viejos molinos de viento del puerto, en la actualidad, se hallan desmantelados y se han convertido en simples ornamentos del paisaje.

234. Una de las más bellas construcciones monumentales de Mallorca es la Lonja de Palma, antigua Bolsa, que hoy sirve de museo. Su construcción remonta a mediados del siglo xv, habiéndose efectuado bajo la dirección del arquitecto mallorquín Guillermo Sagrera.

235. Los olivos, con sus curiosos troncos deformados, se encuentran por todas partes en la Isla de Mallorca, reputándose la antigüedad de algunos de ellos en más de mil años.

236. Después del Paseo del Borne — donde en otro tiempo se efectuaban las carreras de caballos — se encuentra la plaza de la Reina, lugar apacible que puede servirnos como ejemplo de las perspectivas urbanas de la capital balear.

237. La posición geográfica de Mallorca influyó favorablemente en el desarrollo de intensas relaciones comerciales de dicha isla con las ciudades italianas, sobre todo las que se hallaban bajo la soberanía o protectorado de los reyes de Aragón o de España durante los siglos xiv al xviii. Las orientaciones artísticas del renacimiento italiano se dejaron sentir en los palacios que las familias próceres fueron construyendo en Palma : patio central descubierto, regular o cuadrado, en el fondo del cual uno o más arcos sobre columnas dan paso a la escalera monumental. Ésta conduce a la galería o *loggia* recayente sobre el patio, que adorna el primer piso. He aquí representado uno de estos típicos patios de Palma : el de la casa señorial de Oleza.

238. En una ensenada de aguas tranquilas, con una hermosa playa de fina arena, el puerto de Sóller, a la vez poblado de pescadores, residencia veraniega y uno de los pocos refugios existentes en la costa septentrional de Mallorca, ha progresado enormemente en los últimos años y alberga a una inmensa colonia extranjera. La ciudad se encuentra a unos 5 km. del puerto, en un paraje delicioso, que constituye un hermoso vergel. Los *sollerics*, o hijos de Sóller, dotados de espíritu comercial y viajero, están establecidos por todo el Mundo como vendedores de frutas y vinos del país, pero la nostalgia de su tierra natal los obliga a volver a ella periódicamente y suelen retirarse a pasar allí los últimos años de su vida.

239. El archiduque austríaco Luis Salvador y, con anterioridad, la novelista francesa George

Sand, han dado a conocer los encantos del paisaje de Mallorca, en nuestros días muy frecuentado por los turistas, quienes invaden sus campos y playas. Camp de Mar, una de estas ensenadas maravillosas.

240. Un lugar privilegiado de la naturaleza mallorquina es la costa de Formentor, que cierra la Bahía de Pollensa.

241. La agricultura mallorquina, de vieja tradición, aprovecha el agua subterránea que pacientes borriquillos extraen de sus norias o que los molinos de viento — antiguos o modernos, consubstanciales con el paisaje balear — sacan de los pozos. Las aguas superficiales son escasas y muy raros los cursos de agua, y sin estas norias o molinos sería imposible la obtención de los frutos de oro que los *sollerics* y otros fruteros mallorquines, establecidos por todo el Mundo, difunden como una propaganda más de las bellezas de la Isla.

242. A unos 17 km. de Palma se encuentra Valldemosa, patria de Santa Catalina Tomás, riente pueblecito a 400 m. de altura, delicioso lugar de veraneo. La antigua cartuja, que visitamos en sus cercanías, fue fundada en el solar del palacio del rey Sancho de Mallorca, cedido, en 1399, por el rey don Martín el Humano a los monjes de dicha Orden, quienes lo ocuparon hasta su expulsión en 1835. Conserva el templo y sacristía del antiguo cenobio y atesora recuerdos de George Sand, Chopin, Rubén Darío y otros grandes artistas que allí pasaron temporadas.

243. Las *cuevas del Drac*, en Manacor, localidad situada en la parte de Levante de la Isla de Mallorca constituyen una de las atracciones turísticas de ésta. Según opinión de los geólogos, las inmensas bóvedas de estas cuevas, que en algunos lugares alcanzan más de 40 m. de altura, se han formado a raíz de un gran plegamiento de los terrenos jurásicos, más tarde ahuecado y vaciado por la acción combinada del mar y de las aguas de infiltración. Tanto estas cuevas, como las cercanas *de Artá* y las *dels Hams*, en Manacor, fueron exploradas por el espeleólogo Martel, bajo los auspicios del archiduque Luis Salvador de Austria, y asimismo por otros notables especialistas extranjeros. La belleza de las estalactitas y las estalagmitas, el misterio de los ríos subterráneos y los lagos tranquilos, la grandiosidad de las cámaras

donde se han dado con frecuencia audiciones de música clásica, son tan impresionantes, que dejan un imperecedero recuerdo.

244-245

Menorca, la más oriental de las Baleares, ha sido muy codiciada por las potencias europeas, sobre todo Inglaterra y Francia, que la ocuparon en diversas ocasiones. Une a su cosmopolitismo, que se manifiesta en Mahón (dotado de un seguro puerto), y al ambiente señorial de la antigua capital, Ciudadela, la originalidad de un ambiente rural de población diseminada, cuyo estudio es muy interesante para la geografía humana.

244. El antiguo poblamiento de la Isla se explica por la presencia de gigantescas construcciones megalíticas: los *talayots* — emparentados con los *nuraghi* de Cerdeña,— las *taulas* y las *navetas*, de cuya originalísima construcción damos muestra. No se conoce la destinación dada por los hombres de la edad del bronce a tan ingentes edificaciones, si bien es de suponer que tendrían un carácter mixto religioso y funerario.

245. Se ha llamado a Menorca la *Isla del viento*, por estar batida principalmente por los del Norte y Nordeste *(tramuntana)*, en oposición a Mallorca, la *Isla de la calma*, resguardada por la cordillera principal. El viento imprime caracteres muy notables a la geografía humana de la isla: la vegetación, inclinada hacia el Sur, y la abundancia de molinos de viento (en su mayoría desmantelados en la actualidad) constituyen rasgos importantes del país. Estos molinos de San Luis datan seguramente del siglo XVIII, época en que fue fundado este pueblo durante la efímera dominación francesa de la Isla (1761).

246-247

La Isla de Ibiza pertenece, dentro del Archipiélago, al grupo de las Pitiusas, que forman juntamente con Formentera y diversos islotes.

Ibiza es un país de antiguo poblamiento, como demuestran las excavaciones practicadas en la necrópolis púnica del *Puig dels Molins* (fig. 246), cuyo nombre alude a los antiguos molinos que coronan la colina. Desde ésta se divisa la ciudad de Ibiza (12 283 hab.), capital de la isla y sede de un obispado, dotada de excelente puerto.

Las incursiones de los piratas redujeron el único núcleo urbano de Ibiza a la capital, *Sa*

Ciutat, con poderosas fortificaciones que se conservan, en parte, todavía. La población rural dispersa, en caso de peligro, se refugiaba en las iglesias fortificadas, como la de *Sant Jordi* (San Jorge), una de las más típicas (fig. 247). Salvo las concentraciones de Santa Eulalia y San Antonio, de origen bastante reciente, la población se halla aún muy diseminada con tendencia a constituir pequeñas aglomeraciones en torno de las parroquias. La Isla, a pesar de las corrientes del turismo internacional que amenazan invadirla como a Mallorca, conserva sus costumbres arcaicas y los trajes populares de las mujeres, adornadas con ricas preseas, que lucen todavía los domingos, cuando van a la ciudad para asistir a Misa y hacer algunas compras.

248-250

El archipiélago canario, conocido por los romanos con el nombre de Islas Afortunadas, está situado en el Atlántico Septentrional entre los 27° 40′ y 29° 25′ de latitud Norte y los 9° 45′ y 14° 30′ de longitud Oeste del meridiano de Greenwich. Constituye el archipiélago noratlántico más próximo al continente africano, no distando de la costa de este último más que 115 km. (Fuerteventura-Cabo Juby), y su extensión total es de 7273 km.². Forma parte de los dominios españoles desde el siglo XV, en cuyas postrimerías fue terminada su conquista, iniciada en 1402 por el caballero normando Juan de Bethencourt, con el auxilio de los monarcas de Castilla, a los cuales prestó el debido homenaje. En la actualidad constituyen dos provincias españolas : la de Canarias Orientales, formanda por las islas Lanzarote, Fuerteventura y Gran Canaria, y la de Canarias Occidentales, con Tenerife, Gomera, Palma y Hierro, aparte otros islotes más pequeños, siendo sus capitales, respectivamente, Las Palmas de Gran Canaria (156 262 hab.) y Santa Cruz de Tenerife (103 446 hab.). Todo el archipiélago es de naturaleza volcánica, lo cual explica su extraordinaria fertilidad, contribuyendo también la dulzura del clima, aunque sean escasas las precipitaciones acuosas (en Santa Cruz de Tenerife, 326 mm.), y se evidencie la acción desecante de los vientos saháricos.

248. Las particulares condiciones climatológicas y edafológicas de las Islas Canarias contribuyen al sostenimiento de una agricultura próspera (tabaco, tomates, bananas), en los lugares privilegiados, y una flora xerófila muy original. De ésta forma parte el drago *(Dracaena draco)*, liliácea arbórea que llega alcanzar una talla considerable, como puede observarse en la fotografía, y cuya longevidad es legendaria. El drago produce una gomorresina roja *(sangre de drago)*, que se usó en terapéutica.

249. No se concibe el paisaje tinerfeño sin la silueta del Teide, punto culminante de las tierras españolas con sus 3710 m. de altura sobre el nivel del mar, reducido en la actualidad a la condición de volcán apagado. El nombre de Tenerife (del guanche *Tner Ife*, monte nevado), alude a la condensación de agua al estado sólido en la cumbre del Teide, condensación que tiene su origen en las nubes que se estacionan en ella bajo la forma de *tocas*. La figura nos muestra el Teide desde el Valle de La Orotava.

A su pie, en la vertiente noroeste, sobre el suelo de materiales del dominio volcánico teideano, se escalonan a modo de anfiteatro los platanares de Icod.

250. Como ejemplo típico del paisaje canario, presentamos una vista parcial de Teror, población que se encuentra a 21 km. de Las Palmas siguiendo la carretera del Norte, que lleva a la ciudad de Arucas. Teror, con su dilatado caserío disperso en el valle de su nombre, puede servir de modelo de la aglomeración rural de Gran Canaria ; posee casas ricas y holgadas, cultivos de cereales y frutas, y, medio oculta por la frondosa arboleda, una basílica del siglo XVI, donde es venerada la imagen de Nuestra Señora del Pino.

ÍNDICE ALFABÉTICO DE LÁMINAS